Acordes de Guitarra Contextualizados

Edição em Português

Publicado por www.fundamental-changes.com

ISBN: 978-1-910403-80-8

www.fundamental-changes.com

Também por Joseph Alexander

Áudios gravados por Pete Sklaroff e disponíveis em www.fundamental-changes.com/audio-downloads.

Índice

Introdução - Parte Um

Em mais de vinte anos como guitarrista, eu encontrei muitos dicionários de acordes que dizem mostrar *todos* os acordes que se pode tocar na guitarra. Alguns deles são volumes enormes que provavelmente cumprem exatamente o que prometem, embora eu tenha achado a maioria deles de difícil utilização.

Esses dicionários de acordes podem ser bem organizados e pesquisados, mas eu sempre constatei que sem algum tipo de aplicação prática dos acordes, eles têm sempre benefícios limitados

Após algumas experiências, eu me dei conta de que em vez de procurar dicionários de acordes, a melhor forma de usar meu tempo era aprender como os acordes eram construídos e nomeados, além de como o braço da guitarra funciona em relação às notas e localização dos intervalos.

Aprendendo como os acordes eram construídos, da onde eles vinham, como funcionavam e contando com o conhecimento do braço para conseguir ver onde as notas e intervalos realmente estavam na guitarra, eu rapidamente percebi que nunca mais precisaria de um dicionário de acordes novamente.

Agora, eu consigo construir qualquer acorde que eu queria instantaneamente porque vejo a guitarra através dos intervalos.
Outra limitação dos dicionários de acordes tradicionais é que eles geralmente não mostram como usar um acorde em qualquer tipo de situação. É bom saber *como* tocar um acorde m(Maj7) em quatro inversões, mas se você não souber *quando* tocá-lo, essa informação é um pouco redundante.

Nesse livro, eu tentei dar exemplos musicais reais e algum contexto para cada acorde apresentado. A maioria dos acordes surgem com frequência e você normalmente irá vê-los em diagramas de acordes, principalmente se você estiver tocando jazz ou fusion. Há alguns acordes no fim do livro que surgem de vez em quando e são bem menos comuns. A Parte Um dessa série está organizada por utilidade!

Uma última limitação que eu encontrei nos dicionários de acordes tradicionais é a falta de exemplos em áudio. Se você está aprendendo um acorde, é necessário *ouvir* se você está tocando corretamente. Para ajudar nisso, eu incluí mais de cem exemplos em áudio que podem ser baixados gratuitamente em **www.fundamental-changes.com/audio-downloads**. Você pode ouvir todos os acordes tocados em pelo menos três aberturas diferentes e cada exemplo de progressão de acordes também está gravado para ajudá-lo a entender a função musical de cada um.

Essa série de livros de acordes está dividida em duas partes.

A Parte Um é destinada a te dar um entendimento imediato e prático de como todas as formas dos acordes básicos são construídas, tocadas e usadas. Cada acorde é discutido e analisado profundamente, além de ser construído desde o princípio. São mostradas as tônicas na 6ª, 5ª e 4ª cordas para que você sempre tenha um formato conveniente onde quer que esteja no braço. A Parte Um foca na compreensão, audição e aplicação dos conceitos essenciais de construção de acordes. Algumas substituições básicas comuns são mostradas quando apropriado, seja para nos ajudar a alcançar extensões ou para simplificar uma estrutura de acordes complexa.

O pré-requisito para a Parte Um é a habilidade de tocar os acordes básicos em posição "aberta", como o D, G, C etc. Também será bem útil se você se sentir confortável tocando acordes com pestana e com a localização das notas nas três cordas de baixo da guitarra.

A Parte Dois foca em estruturas de acordes específicas, suas inversões, aberturas e distribuição de vozes (*voice leading*). Ele mostra os acordes em formato "drop 2", "drop 3" e "drop 2 and 4" em todos os grupos de cordas. Qualquer acorde com "7ª" pode ser tocado em quatro inversões diferentes: seja com a tônica, 3ª, 5ª ou 7ª no baixo. Esses conceitos permitem diversas possibilidades de *voicing* e centenas de oportunidades musicais maravilhosas. Pode parecer trabalhoso, mas mesmo com alguns poucos formatos "drop 2", você irá rapidamente dar mais profundidade a sua guitarra base e perceber que sua visão do braço da guitarra melhorará consideravelmente.

Cada conceito é ensinado de forma prática, gradual e musical; ao longo do livro, há centenas de exemplos para garantir que você está aprendendo cada acorde de forma coesa. O objetivo é construir "licks" de acordes ao redor de cada sequência usual para contextualizar e internalizar temas musicais úteis.

Na Parte Um, você pode sentir que as coisas começaram a ter um sotaque de jazz ao seguirmos pelos diferentes tipos de acordes. Isso é porque a maioria dos acordes mais complexos que nós tocamos como músicos são geralmente encontrados nesse gênero. Eles raramente são usados no rock, mas isso se trata da exceção e não da regra. Se o jazz não for a sua, não se desespere! O conhecimento adquirido ao treinar com esse livro, tanto em termos de vocabulário de acordes quanto em termos de liberdade no braço, irão te beneficiar bastante, independentemente dos seus interesses musicais.

Não se esqueça de baixar todos os exemplos em áudio desse livro gratuitamente em
www.fundamental-changes.com/audio-downloads.

Divirta-se!

Joseph

Obtenha o Áudio

O arquivos de áudio desse livro estão disponíveis para download gratuito em **www.fundamental-changes.com** e o link está no canto superior direito. Apenas selecione o título do livro no menu e siga as instruções para baixar os áudios.

Nós recomendamos que você baixe os áudios diretamente para seu computador em vez do seu tablet, e transfira-os para lá depois de adicioná-los a sua galeria de mídia. Então, você pode colocá-los no seu tablet, iPod ou gravá-los em um CD. Na página de download há um PDF para ajudá-lo e nós também oferecemos suporte técnico através do formulário de contato.

Kindle / eReaders

Para aproveitar ao máximo esse livro, lembre-se de que você pode clicar em qualquer imagem para ampliá-la. Desligue o bloqueio de "rotação de tela" e segure seu kindle em formato paisagem.

Para Mais de 250 Aulas de Guitarra Com Vídeos Grátis, Acesse:
www.fundamental-changes.com

Twitter: @guitar_joseph
FB: FundamentalChangesInGuitar
Instagram: FundamentalChanges

Integre-se

Junte-se a mais de 5500 pessoas que recebem seis aulas de guitarra gratuitas diariamente no Facebook:

www.facebook.com/FundamentalChangesInGuitar

Fique por dentro das novidades no Twitter: @Guitar_Joseph

Capítulo Um: Teoria Básica, Tipos de Acorde e Construção

Um acorde é definido como qualquer grupo de três ou mais notas tocadas juntas. Eles são normalmente formados pelo empilhamento de notas de uma determinada escala. A maioria dos acordes nesse livro são formados a partir da *harmonização* da escala maior.

Para formar um acorde, nós simplesmente empilhamos notas alternadas de uma escala. Por exemplo, na escala de C Maior:
C D E F G A B C

Nós pegamos a primeira, terceira e quinta notas (C, E e G) e as tocamos juntas para formar um C Maior.

(C) D (E) F (G) A B C

Exemplo 1a:

Se você reparar, nós pegamos a *primeira* nota C, depois pulamos a nota seguinte (D) e paramos na *terceira* nota (E). Nós repetimos o processo e pulamos a quarta nota (F) e paramos na *quinta* nota G. As notas tocadas juntas dessa maneira são chamadas de *tríade*.

A primeira, terceira e quinta notas de uma escala maior formam um acorde maior. Isso é válido para qualquer escala maior. Esse acorde tem a fórmula 1 3 5.

A fórmula 1 3 5 nos dá as notas C, E e G, entretanto nós podemos alterar qualquer uma das notas para formar um tipo de acorde diferente. Por exemplo, se nós *descermos um semitom* a terça, nós criaremos a fórmula 1 b3 5. Usando a tônica C novamente, nós agora temos as notas C Eb G.

Exemplo 1b:

Como você pode ouvir, essa estrutura tem um som muito diferente em relação ao acorde maior anterior.

Todo acorde com a estrutura 1 b3 5 é menor. *Qualquer* acorde com uma b3 é por definição menor.

Nós também podemos *descer um semitom* a 5ª do acorde. A estrutura 1 3 b5 não é muito usual na música, embora ela ocorra às vezes no jazz. Entretanto, a estrutura 1 b3 b5 ocorre frequentemente. Ela é chamada de *diminuta* ou ocasionalmente de um acorde *menor b5*.

A fórmula 1 b3 b5 construída sobre a tônica C gera as notas C Eb Gb.

Exemplo 1c:

A abertura é extensa, mas as notas não têm de estar nessa ordem. Pode-se tocar mais facilmente assim:

Exemplo 1d:

Para conseguir esse formato, eu movi a b3 do acorde uma oitava acima.

Como você pode ouvir, o acorde diminuta tem um som obscuro e sinistro.

As três tríades que você aprendeu até agora são

1 3 5 Maior
1 b3 5 Menor
1 b3 b5 Diminuta ou apenas "dim"
A maioria dos acordes que você encontra em músicas, não importa o quão complicados sejam, podem ser categorizados em um desses tipos básicos. As progressões de jazz no entanto são normalmente formadas por extensões mais ricas de "acordes com 7ª" que são o foco desse livro.

Há, entretanto, mais uma permutação que surge ocasionalmente, é a tríade aumentada, 1 3 #5.

A partir da tônica C, as notas criadas pela fórmula são C E G#. Há dois tons entre cada uma das notas do acorde.

Exemplo 1e:

Dois formatos úteis da tríade aumentada (Aug) são:

Exemplo 1f:

Finalmente, há dois tipos de tríades que *não* incluem uma 3ª. Esses acordes são normalmente chamados de "suspensos" (ou apenas acordes "sus"), já que a falta da 3ª lhes dá uma característica não resolvida.

No acorde "sus" 2, a 3ª é trocada pela 2ª da escala e, no acorde sus4, a 3ª é trocada pela quarta da escala.

No C, as notas geradas pela fórmula 1 2 5 são C D G.

Exemplo 1g:

As notas geradas pela fórmula 1 4 5 são C F e G.

Exemplo 1h:

É muito importante que você aprenda a tocar alguns formatos úteis dessas tríades básicas, já que elas aparecem em músicas de jazz, especialmente nas origens do "swing jazz".

Em qualquer acorde, é possível *dobrar* qualquer nota. Por exemplo, um acorde maior pode ter duas tônicas, duas 5ª e apenas uma 3ª. Havia regras para controlar o uso no período "clássico", embora atualmente haja formatos ou "aberturas" na guitarra que são frequentemente usados.

Como o foco desse livro são os acordes com "7ª", que são mais comuns no jazz, apenas alguns dos formatos das tríades básicas serão mostrados aqui.

Formatos de Acorde Maior

Exemplo 1i:

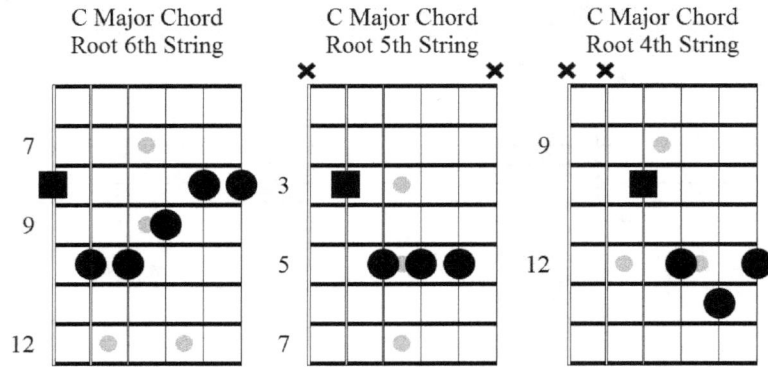

Formatos de Acorde Menor

Exemplo 1j:

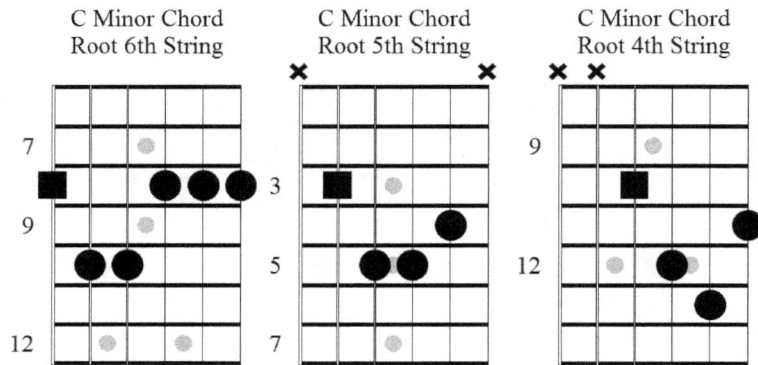

Formatos de Acorde Diminuta (menor b5):

Exemplo 1k:

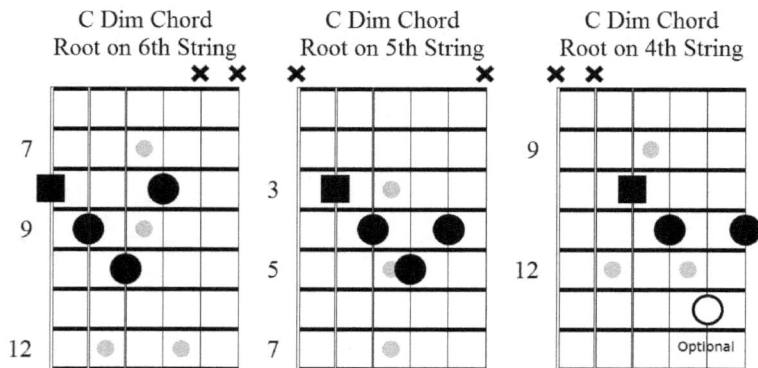

Formatos de Acorde Aumentado (maior #5):

Exemplo 1l:

C Aug Chord
Root on 6th String

C Aug Chord
Root on 5th String

C Aug Chord
Root on 4th String

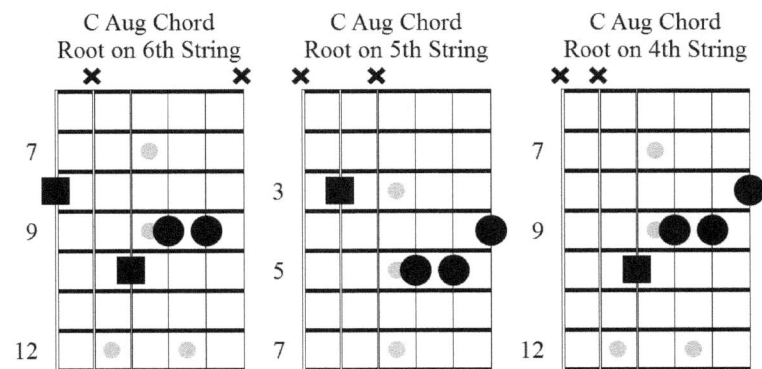

Formatos de Acordes Suspensos 2:

Exemplo 1m:

C Sus2 Chord
Root on 6th String

C Sus2 Chord
Root on 5th String

C Sus2 Chord
Root on 4th String

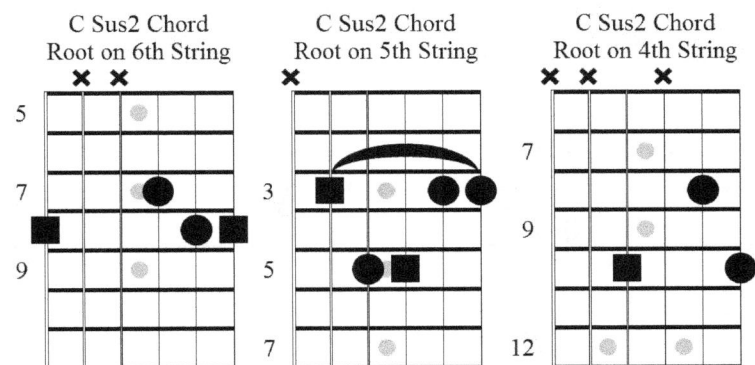

Formatos de Acordes Suspensos 4:

Exemplo 1n:

C Sus4 Chord
Root on 6th String

C Sus4 Chord
Root on 5th String

C Sus4 Chord
Root on 4th String

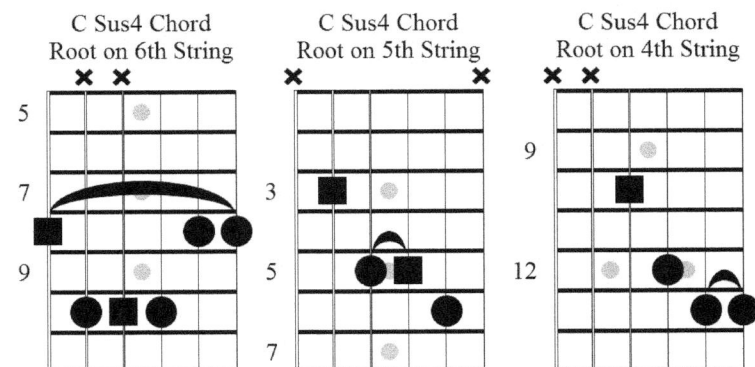

Você provavelmente já conhece a maioria desses formatos, mas caso não conheça, meu conselho é ignorá-los por enquanto para focar nos acordes com 7ª. Você pode retornar a esses formatos quando precisar deles.

Para criar um acorde maior com 7ª, nós só estendemos a fórmula "1 3 5" com uma nota extra: "1 3 5 7".

Em vez de C E G, agora nós temos C E G B:

(C) D (E) F (G) A (B)

Exemplo 1o:

Nesses formatos, eu alterei a ordem das notas para melhorar a tocabilidade do acorde na guitarra. O acorde agora tem o formato 1 5 7 3.

Como a fórmula do acorde maior com 7ª é 1 3 5 7, você poderia esperar que a fórmula do acorde menor com 7ª fosse 1 b3 5 7. Entretanto, não é bem assim.

Para criar um acorde menor 7, nós adicionamos um b7 em uma tríade menor. A fórmula é 1 b3 5 b7.

A fórmula 1 b3 5 b7 construída sobre a tônica C, gera as notas C Eb G Bb.

Exemplo 1p:

Mais uma vez, as notas no formato de acorde mais grave foram reorganizadas para tornar a abertura do acorde possível na guitarra.

Como você pode estar se perguntando, uma tríade menor com uma *natural 7* no topo 1 b3 5 7 é chamada de acorde *"menor maior 7"* ou m(Maj7) e nós iremos discutir essas estruturas no capítulo doze, já que elas são importantes no jazz. Elas recebem esse nome porque são tríades menores com uma *maior 7* adicionada no topo.

Quando estendemos um acorde menor b5 para se tornar um acorde com 7ª, nós mais uma vez adicionamos uma *b7*, não uma natural 7. Na verdade, há uma regra geral de que se uma tríade tiver um b3, é mais comum adicionar um b7 para formar um acorde com "7ª" de quatro notas.

Como visto no parágrafo anterior, nem sempre é esse o caso, por isso tome cuidado ao usar essa "regra".

Um acorde (diminuta) menor b5 com uma b7 adicionada tem a fórmula 1 b3 b5 b7 e gera as notas C Eb Gb Bb quando construído a partir da nota tônica de C. Esse acorde é chamado de "Menor 7 bemol 5" ou m7b5. Também é comum que os acordes m7b5 sejam chamados de acordes "meio diminuta".

Exemplo 1q:

Finalmente, nós veremos um dos acordes mais comuns do jazz; o acorde dominante com 7. Ele é formado pela adição de uma b7 a uma tríade maior. 1 3 5 b7. Com a tônica C, essa fórmula gera as notas C E G Bb.

Por causa da tríade maior 1 3 5, esse é um tipo de acorde "maior", mas a b7 adiciona uma tensão extra.

Exemplo 1r:

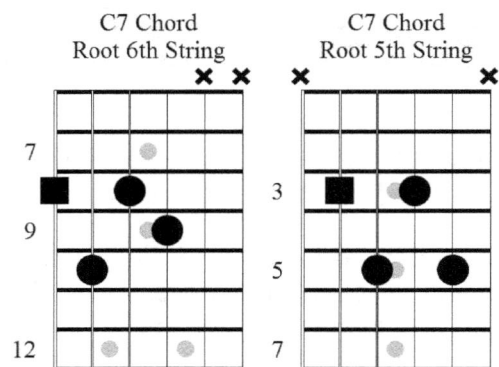

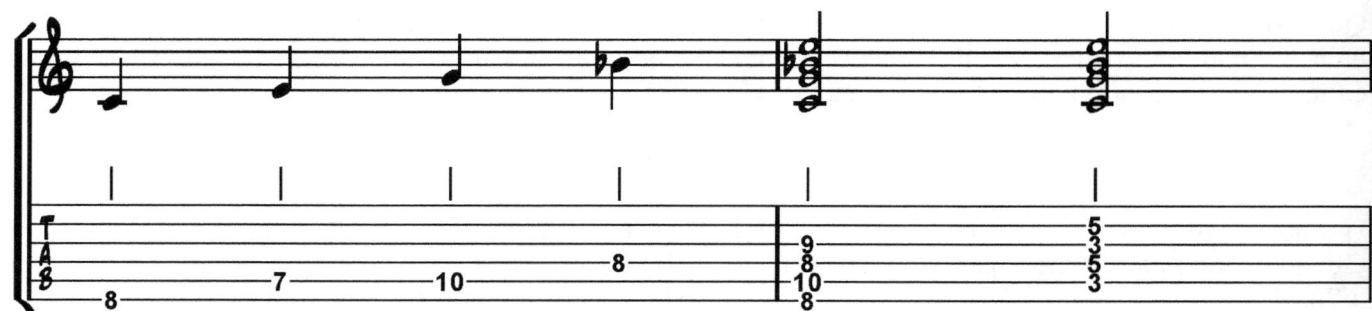

Esses quatro tipos de acordes podem ser resumidos:

Tipo de Acorde	Fórmula	Abreviação
Maior 7	1 3 5 7	"maj7"
Dominante 7	1 3 5 b7.	"7"
Menor 7	1 b3 5 b7	"m7"
Menor 7 b5	1 b3 5 b7	"m7b5"

A forma moderna de racionar é que *todos* os tipos de acordes no jazz funcionam como um dos tipos acima. Nós discutiremos isso mais a fundo depois, entretanto isso significa simplificadamente que mesmo um acorde complexo, como um C7#5b9, pode ser visto em sua forma mais simples apenas como um C7.

A acorde C menor 11 pode ser simplificado para um tipo de acorde Cm7 e um acorde C maior 9 pode ser reduzido para um tipo de acorde Cmaj7. Isso é bem útil ao analisar músicas de jazz em uma perspectiva melódica. Há algumas poucas exceções ao se tocar acordes e nós abordaremos elas individualmente.

Essa ideia de tipos de acordes ou famílias é especialmente útil quando nós estamos começando a tocar acordes de jazz ou quando nós recebemos uma transcrição de uma música difícil para ler com pouco tempo de preparação.

Capítulo Dois: Formatos de Acordes Usuais

Agora que nós já compreendemos como são construídos os acordes mais comuns, nós podemos começar a aprender alguns formatos úteis. Os formatos nesse capítulo são destinados a te fazer "levar a música". Eles são os primeiros formatos de acordes de jazz que a maioria dos guitarristas aprendem e serão parte do seu vocabulário de agora em diante.

Nós começaremos aprendendo três formatos de cada um dos tipos de acordes fundamentais, maj7, 7, m7 e m7b5 e vamos aplicá-los a uma progressão de jazz comum que usa esses tipos de acordes. É importante nesse momento que você saiba quais notas estão no braço da guitarra, já que agora nós estamos aprendendo formatos "móveis" com pestana de cada acorde.

Por exemplo, nós aprenderemos um acorde com pestana "7" e se você quiser usá-lo como um C7, terá que posicioná-lo com a tônica em C. Se quiser tocá-lo como F7, precisará movê-lo para que a tônica seja F. Para isso, você deve pelo menos estar familiarizado com as notas nas três cordas graves da guitarra:

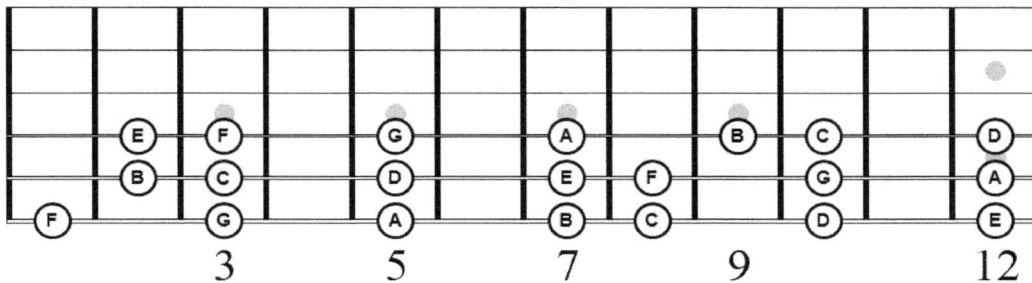

Nós aprenderemos a tocar a progressão de acordes a seguir usando três formatos de acordes de jazz diferentes.

Como você pode ver, essa progressão de acordes usa cada um dos tipos de acordes do capítulo anterior uma vez.

Vamos começar aprendendo os formatos desses acordes com a tônica na 6ª corda. Os números escritos nas notas se referem ao posicionamento dos dedos. Se você achar mais fácil usar dedos diferentes, fique à vontade.

Você pode achar mais fácil tocar o Fm7 uma oitava acima na 13ª cada. Não há problema.

Gm7b5 Chord
Root 6th String

C7 Chord
Root 6th String

Fm7 Chord
Root 6th String

Db Maj7 Chord
Root 6th String

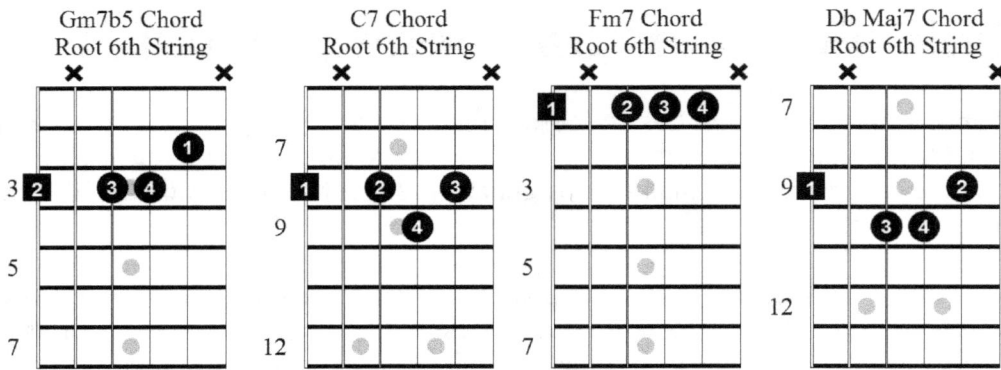

Passe algum tempo aprendendo esses acordes e aos poucos junte-os até tocar o **exemplo 2a:**

Gm7b5   C7   Fm7   Fm7   Dbmaj7

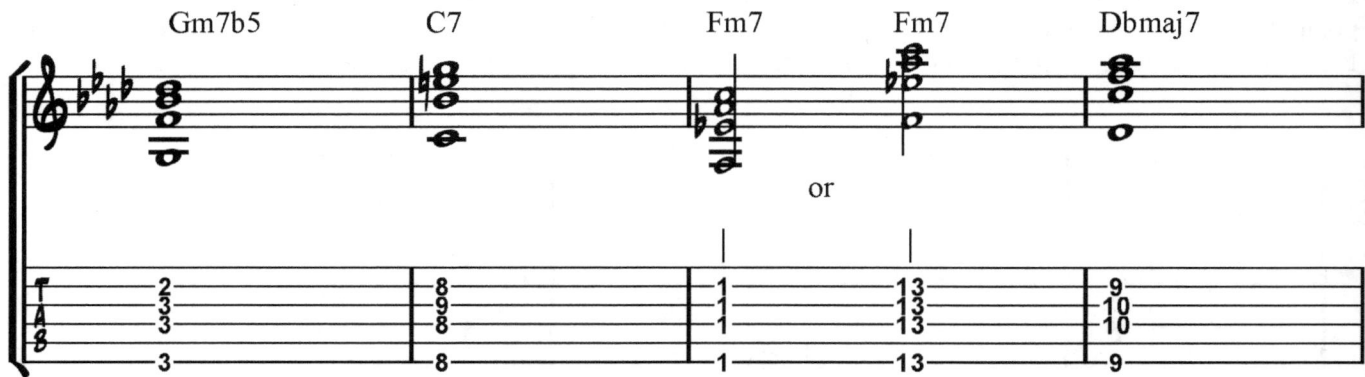

or

Você perceberá que ao usar esses formatos de acordes sua mão está se movendo bastante ao longo do braço. Não se preocupe com isso por enquanto, já que quando você tiver dominado alguns outros formatos, poderá começar a suavizar os movimentos.

Depois, aprenda os mesmos formatos de acordes com a tônica na 5ª corda:

Gm7b5 Chord
Root 5th String

C7 Chord
Root 5th String

Fm7 Chord
Root 5th String

Db Maj7 Chord
Root 5th String

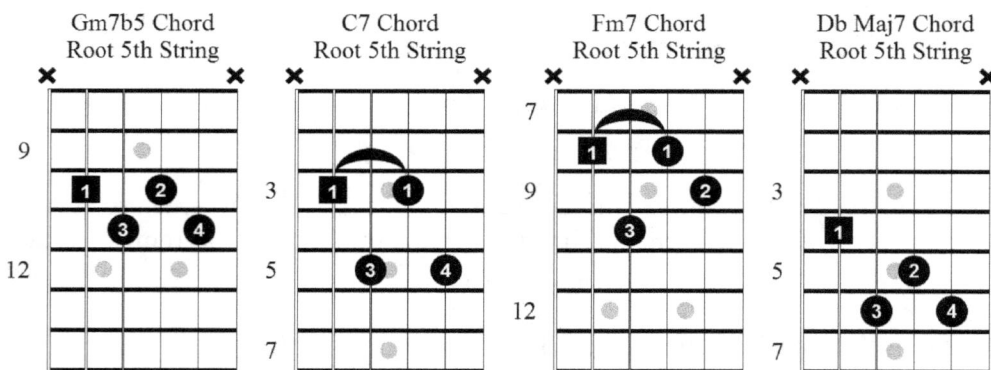

Novamente, treine a mesma sequência de acordes usando apenas os formatos com a tônica quinta corda:

Exemplo 2b:

Antes de aprender esses formatos de acordes com a tônica na 4ª corda, tente aproximar os acordes combinando os formatos da 5ª e 6ª cordas.

Tente começar na 6ª corda com o Gm7b5 e depois mova-se para o formato de C7 mais próximo. Sempre procure o formato de acorde mais próximo ao realizar as mudanças. Uma forma de fazer isso pode ser:

Exemplo 2c:

Outra formam de treinar isso é começar com o formato de Gm7b5 na quinta corda e repetir o mesmo processo.

Exemplo 2d:

Gm7b5 Chord
Root 5th String

C7 Chord
Root 6th String

Fm7 Chord
Root 5th String

Db Maj7 Chord
Root 6th String

Gm7b5   C7   Fm7   Dbmaj7

Ao trocar as cordas dessa maneira, nós sempre podemos criar uma "variação de vozes" (voice leading) mais suave entre cada um dos acordes na progressão. (Voice leading é a técnica de arranjar os acordes de forma que cada nota mova-se a menor distância possível entre cada mudança de acorde). Também se torna mais fácil tocar esses acordes rapidamente, pois nossa mão não está se movendo muito.

Agora, vejamos esses acordes tocados com a tônica na quarta corda.

Gm7b5 Chord
Root 4th String

C7 Chord
Root 4th String

Fm7 Chord
Root 4th String

Db Maj7 Chord
Root 4th String

Tente tocar a mesma sequência usando apenas esses acordes. Esse exemplo pode ser um pouco mais difícil já que muitas pessoas não estão tão familiarizadas com os nomes das notas na 4ª corda quanto com os nomes na 5ª e 6ª cordas. Vá no seu tempo e não desista.

Exemplo 2e:

Como anteriormente, esses acordes movem-se ao longo do braço, portanto nós podemos combiná-los com os formatos na 5ª corda para fazê-los fluírem mais facilmente.

Tente começar a sequência em um Gm7b5 na 5ª corda e depois vá para o C7 na 4ª corda.

Exemplo 2f:

Nós também podemos trocar o formato usado para o Dbmaj7 no fim da sequência. Se tocarmos ele com a tônica na 6ª corda, os formatos irão fluir mais suavemente:

Exemplo 2g:

Tente começar essa progressão em cordas diferentes e ver o quanto você consegue aproximar a distância entre os acordes. Veja uma possível "rota" entre as mudanças começando na 6ª corda.

Exemplo 2h:

Gm7b5 Chord
Root 6th String

C7 Chord
Root 5th String

Fm7 Chord
Root 4th String

Db Maj7 Chord
Root 5th String

Gm7b5   C7   Fm7   Dbmaj7

Tente encontrar caminhos entre as duas progressões de acordes a seguir usando os formatos de acordes discutidos nesse capítulo:

1)

Dm7   G7   CMaj7   Dbm7b5

2)

Cm7   Em7b5   BbMaj7   G7

Comece tocando cada progressão usando acordes com as tônicas na mesma corda, depois combine os acordes com tônicas na 5ª e 6ª cordas. Após isso, combine os formatos de acordes da 4ª e 5ª cordas e finalmente encontre o menor caminho usando as tônicas nas três cordas.

Capítulo Três: Extensões Diatônicas para Acordes Dominante 7

No jazz, é comum adicionar "extensões" diatônicas e "alterações" cromáticas aos acordes dominante 7. Uma extensão natural ou "diatônica" é uma nota adicionada ao acorde original 1 3 5 b7, mas que está dentro da escala matriz original do acorde dominante. Em outras palavras, para formar um acorde estendido dominante, nós continuamos a pular notas na escala, assim como aprendemos na formação dos acordes.

Nós podemos estender a fórmula básica do acorde 1 3 5 b7 para incluir as notas 9ª, 11ª e 13ª.

Essas tensões acontecem quando nós estendemos um acorde além da primeira oitava. Por exemplo, aqui está a escala matriz de um acorde de C7 (C Mixolídio):

C	D	E	F	G	A	Bb	C	D	E	F	G	A	Bb	C
1	2	3	4	5	6	b7	1/8	9	3	11	5	13	b7	1

Perceba que na segunda oitava, se uma nota estiver incluída no acorde original, ela continuará sendo chamada de 1, 3, 5 ou b7. Isso porque a função dessas notas no acorde nunca se modifica: Uma 3ª sempre definirá se um acorde é maior ou menor e a b7 sempre será parte essencial de um acorde m7 ou 7.

As notas *entre* as notas do acorde que mudam de nome. Em vez de 2, 4 e 6, elas passarão a ser 9, 11 e 13. Esses são os chamados intervalos *compostos.*

Simplificando, você pode dizer que um C13 poderia ter *todos* os intervalos até a 13ª:

1 3 5 b7 9 11 e 13 – C E G Bb D F e A

Na prática, entretanto, essa é uma grande quantidade de notas (nós temos apenas seis cordas) e tocar tantas notas ao mesmo tempo cria um som muito pesado e indesejável porque muitas delas entrarão em conflito.

A resposta para isso é remover algumas notas do acorde, mas como saber quais delas?

Não há regras estabelecidas sobre quais notas deixar de fora em um acorde estendido, entretanto *há* algumas diretrizes sobre como definir o som do acorde e o que *precisa* ser incluído.

Para definir um acorde como maior ou menor, você deve incluir algum tipo de 3ª.

Para definir um acorde como dominante 7, maior 7 ou menor 7, você deve incluir algum tipo de 7ª.

Essas notas, as 3ª e 7ª também são chamadas de notas guias e são as notas mais essenciais em qualquer acorde. Pode te surpreender, mas essas notas são mais importantes até do que a tônica do acorde e, frequentemente no jazz, a tônica do acorde é completamente omitida.

Nós veremos mais a fundo as notas guias (guide tones) ou formatos de acorde "shell" no próximo capítulo, mas por enquanto vamos analisar formas usuais de tocar as extensões que normalmente ocorrem em acordes dominantes no jazz.

Para dar nome a um acorde dominante, nós sempre vemos a extensão mais alta, por isso se as notas fossem 1, 3 b7 e 13, nós chamaríamos esse acorde de dominante 13 ou apenas "13". Perceba que ele não inclui a 5ª, a 9ª e a 11ª, mas ainda assim é considerado um acorde "13".

Contanto que haja a 3ª e a 7ª, o acorde sempre será um formato dominante.

Nós começaremos vendo um formato relativamente usual como o D7. No exemplo a seguir, cada *intervalo* do acorde está marcado no diagrama.

No D7, os intervalos 1 3 5 b7 são as notas D, F#, A e C.

Exemplo 3a:

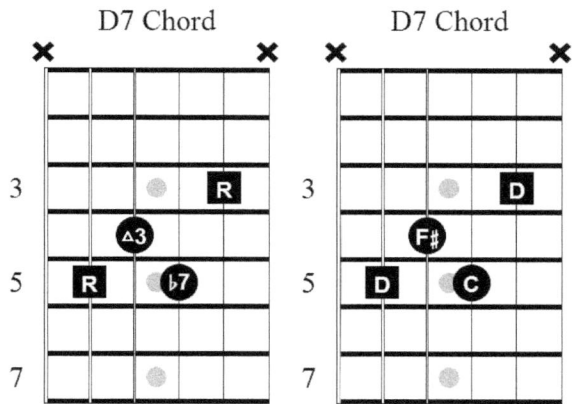

D7 Chord   D7 Chord

O símbolo "triângulo 3" é uma abreviação de "3ª maior".

Como você pode ver, esse formato de D7 não inclui a 5ª do acorde (A).

Veja a escala estendida de D Mixolídio (a escala matriz de D7).

D	E	F#	G	A	B	C	D	E	F#	G	A	B	C	D
1	2	3	4	5	6	b7	1/8	9	3	11	5	13	b7	1

Nós podemos usar esse formato de D7 para formar um acorde dominante 9 ou com "9". Tudo que temos de fazer é adicionar a 9ª da escala (E) ao acorde. A forma mais fácil de fazer isso é mover a tônica da oitava mais alta (D) por um tom até E.

Exemplo 3b:

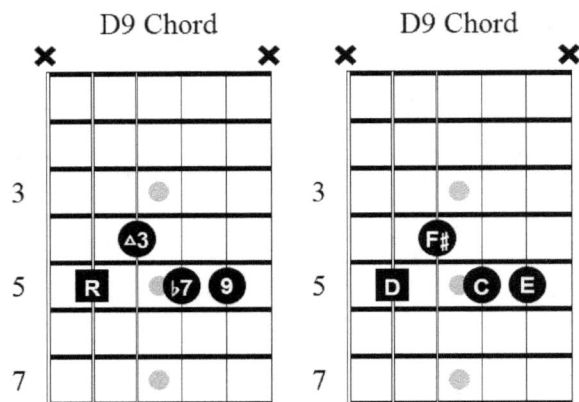

Observe com cuidado para garantir que você entenda como eu troquei a tônica do acorde pela 9ª para formar um acorde dominante 9 ou "9".

Os intervalos desse acorde são agora 1, 3, b7 e 9. Nós temos o 1, 3 e b7 definindo o acorde como dominante e a 9ª (E) criando o acorde *estendido* dominante com 9ª.

Acordes dominantes com 11ª ou "11" são menos comuns e precisam de cuidados especiais porque a 3ª maior do acorde (F#) pode facilmente se chocar com a 11ª (G).

Nós vamos pincelar os acordes com 11ª por enquanto e voltar a eles mais tarde, embora a forma mais usual de criar um acorde 11 seja descer a 5ª do acorde dominante em um tom. O formato da quinta abaixo é normalmente posicionado uma oitava acima da 3ª, de outra forma um confronto entre a 3ª e a 11ª pode acontecer.

Eis outro formato de um acorde D7, dessa vez ele tem a 5ª

Exemplo 3c:

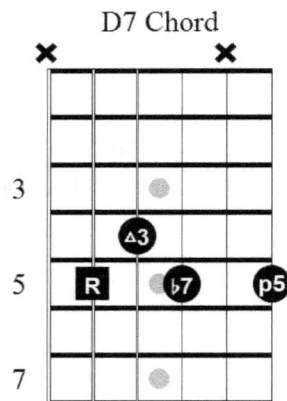

Ao descer a 5ª (A) um tom para a 11ª (G), nós formamos um acorde dominante 11 ou "11".

Exemplo 3d:

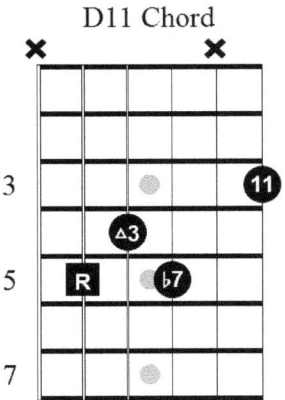

D11 Chord

Os acordes dominante 13 são muito mais comuns no jazz que os acordes dominante 11. Eles são normalmente criados subindo a 5ª de um acorde dominante 7 em um tom para se tornar uma 13ª (6ª). É comum incluir a 9ª da escala em um acorde 13, mas não é de forma nenhuma necessário.

Combinando as duas ideias, podemos criar um acorde de D9 com a quinta na 1ª corda da guitarra.

Exemplo 3e:

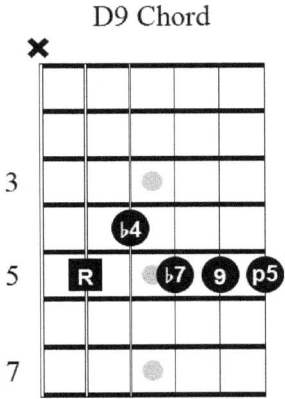

D9 Chord

Ao descer a 5ª em um tom, nós podemos alcançar o 13º grau (intervalo) da escala. O acorde é mostrado primeiro com os intervalos e depois com a disposição recomendada dos dedos:

Exemplo 3f:

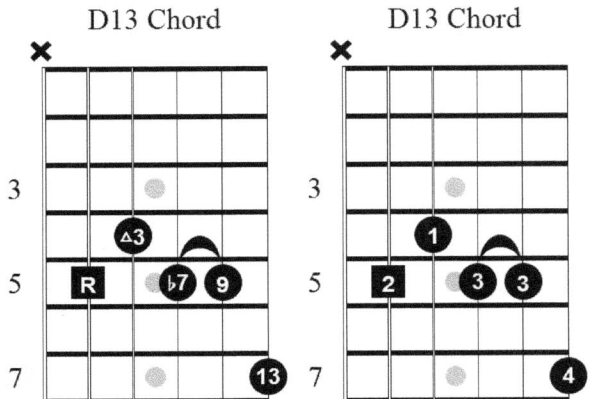

D13 Chord   D13 Chord

Como eu tenho certeza que você já começou a ver, a adição de extensões aos acordes dominantes se trata simplesmente de saber onde está a extensão desejada no braço da guitarra e depois mover uma nota não essencial do acorde para aquele lugar.

O acorde 13 acima pode também ser formado de forma um pouco diferente para alcançar uma qualidade sutilmente distinta. Nós podemos trocar a 9ª pela 3ª:

Exemplo 3g:

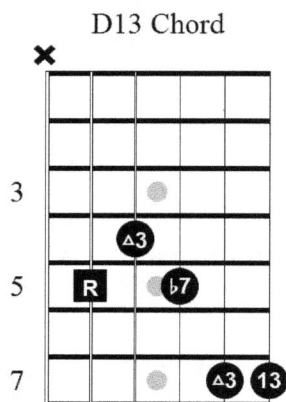

D13 Chord

Nesse formato há duas 3ª. Não há problema nisso. Você provavelmente achará a versão anterior com a 9ª um som mais rico.

Essa abordagem pode ser aplicada também a um acorde dominante 7 montado na 6ª corda da guitarra. Veja a tônica, 3 e b7 de um D7 com a tônica na 6ª corda:

Exemplo 3h:

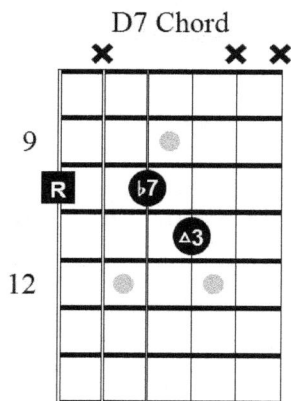

D7 Chord

A 5ª oitava que está localizada na oitava mais alta é mostrada aqui:

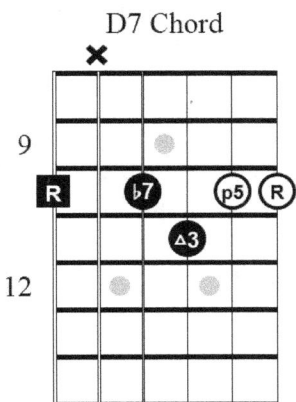

D7 Chord

Se você lembrar, nós podemos subir a 5ª em um tom para tocar a 13ª do acorde e podemos subir a tônica do acorde em um tom para focar a 9ª.

Exemplo 3i:

D9   D13   D13

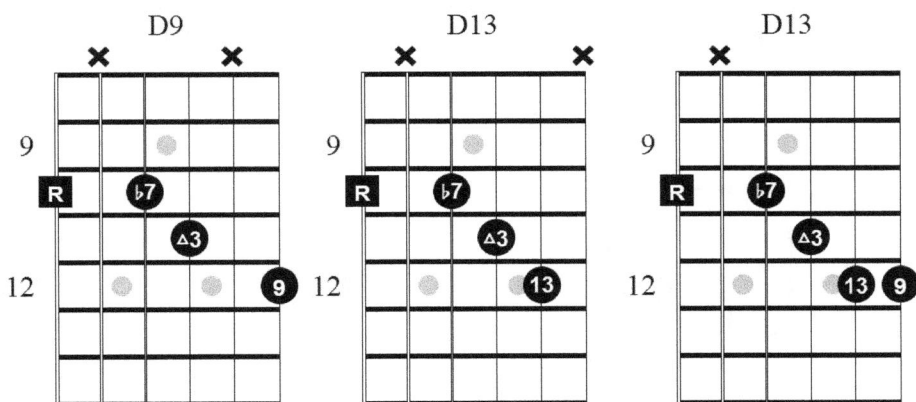

O terceiro diagrama mostra um acorde 13 que inclui uma 9ª. Ainda é um acorde 13, esteja a 9ª presente ou não.

Os dois formatos de acorde "shell" a seguir são bem úteis, já que é fácil inserir extensões neles enquanto se mantém a tônica do acorde no baixo. Entretanto, como você aprenderá no capítulo catorze, as extensões diatônicas são normalmente adicionadas pelo uso consciente de *substituições* do acorde original.

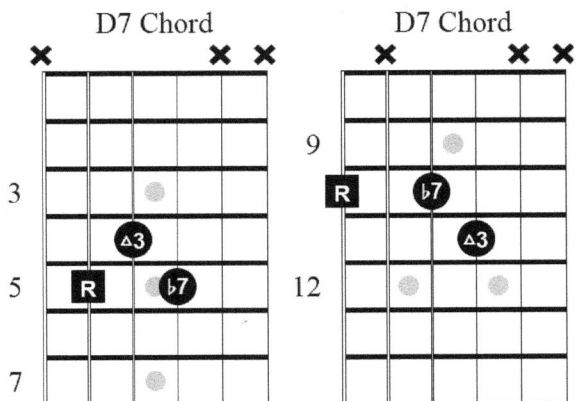

D7 Chord   **D7 Chord**

Capítulo Quatro: Alterações Cromáticas dos Acordes Dominantes

Enquanto as extensões diatônicas (9, 11, 13) são adicionadas aos acordes dominantes, também é bastante usual adicionar extensões *alteradas* ou *cromáticas* a eles. Essas alterações ocorrem principalmente nos pontos de tensão em progressões de jazz, como no acorde dominante em um ii V I (dois, cinco, um).

Uma alteração cromática é uma nota adicionada ao acorde dominante que não seja uma 9, 11 ou 13. Nós podemos contar *cada* alteração cromática possível ao simplesmente subir ou descer a 9ª ou 5ª do acorde; na verdade há apenas quatro extensões alteradas possíveis: b5, #5, b9 e #9.

Para entender por que isso é verdade, vamos ver um pouco de teoria. Aqui está a escala de duas oitavas de C Mixolídio, a escala matriz de C7:

C	D	E	F	G	A	Bb	C	D	E	F	G	A	Bb	C
1	2	3	4	5	6	b7	1/8	9	3	11	5	13	b7	1

Aqui está ela posicionada no braço da guitarra:

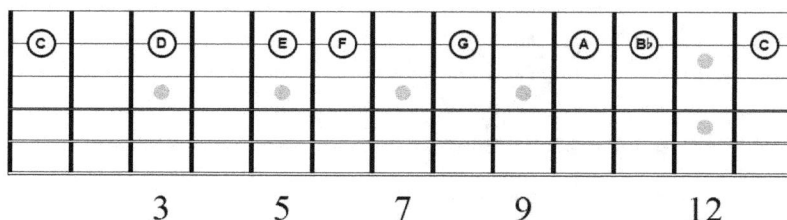

A 5´ª da escala é a nota G e a 9ª é a nota D.

Eu posso subir a 5ª (G) para se tornar um G# a fim de criar uma tensão #5. Você também pode obter o mesmo resultado ao descer a 6ª ou 13ª (A) para alcançar um Ab/G#.

Por isso, um intervalo b13 é o mesmo que um #5. Os acordes C7#5 e C7b13 são a mesma coisa.

Se você observar o braço novamente, você verá que um #11 (F#) é idêntico a um b5 (Gb).

Algo similar acontece com a 9ª da escala, entretanto, em qualquer acorde dominante, você *nunca* deve descer meio tom a 3ª porque isso alteraria a qualidade do acorde de dominante para menor 7.

Lembre-se, dominante = 1 3 5 b7 e menor 7 = 1 b3 5 b7. Ao descer um semitom a 3ª de um acorde dominante, nós mudamos a qualidade do acorde e ele passa a não ser mais um dominante, a menos que outra 3ª maior esteja soando no acorde.

Eu posso subir a 9ª (D) para se tornar um D# a fim de criar um C7#9. Eu também posso descer a 9ª para Db a fim de alcançar um 7b9.

Ao contrário da 3ª, entretanto, é possível remover a tônica de qualquer acorde; como você verá no capítulo nove, é possível subir a tônica em um semitom para alcançar um b9.

Nós não podemos subir a b7 do acorde porque isso alteraria a qualidade do acorde de dominante 7 para maior 7.

Resumindo: b5 = #11 e #5 = b13, portanto as únicas extensões realmente alteradas para um acorde dominante são b5, #5, b9 e #9. Você verá acordes escritos como C7#11b13. Isso não está errado, é apenas uma questão de terminologia. O segredo é perceber que C7#9b13 é o mesmo que C7#9#5.

O motivo pelo qual eu ensino b5, #5, b9 e #9 é porque isso torna os acordes muito mais fáceis de serem entendidos e tocados no braço.

Usando um acorde D7, para tornar esses exemplos mais simples, eis um diagrama do braço mostrando o "shell voicing" (1, 3, b7) de um acorde dominante em preto e os intervalos de 5ª e 9ª em branco.

D7 Chord

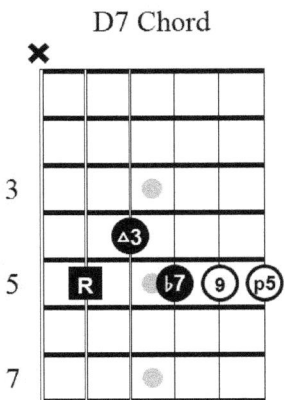

Eu posso criar *qualquer* extensão alterada simplesmente movendo as notas brancas para cima ou para baixo um semitom.

Exemplo 4a:

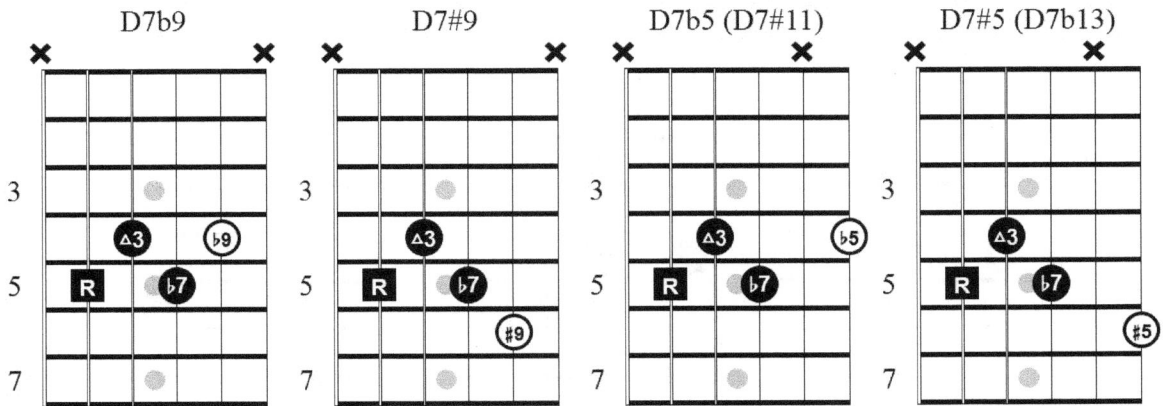

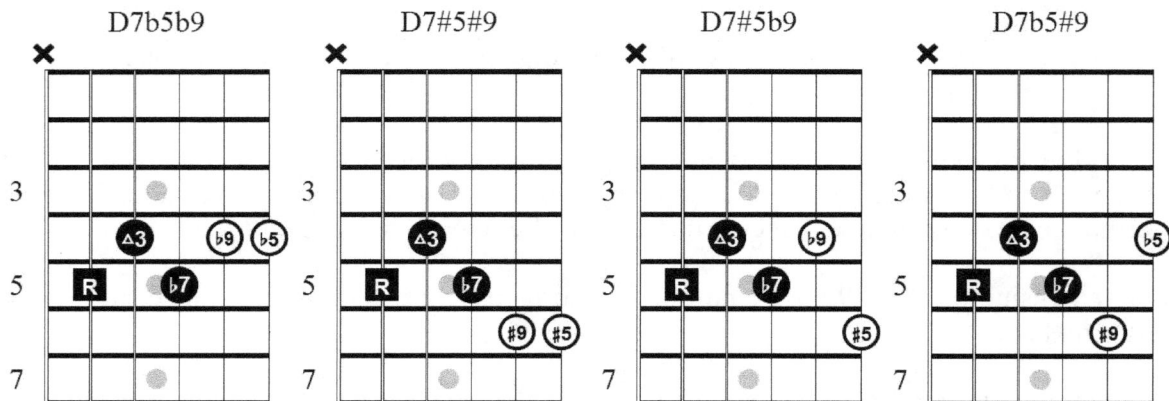

O mesmo vale quando usamos o formato "shell voicing" dominante 7 com a tônica na 6ª corda:

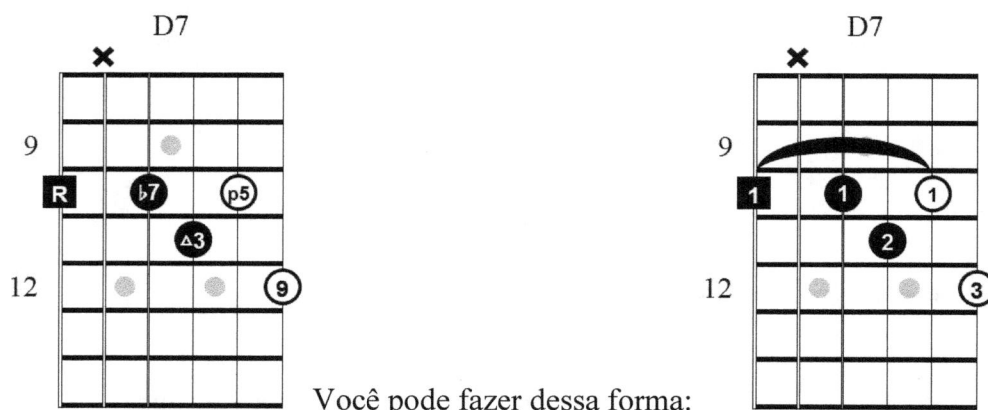

Você pode fazer dessa forma:

Algumas extensões alteradas nessa posição podem ser difíceis de alcançar, por isso muitas vezes elas são tocadas sem tônica. Aqui estão algumas permutações com extensões alteradas para essa posição.

Exemplo 4b:

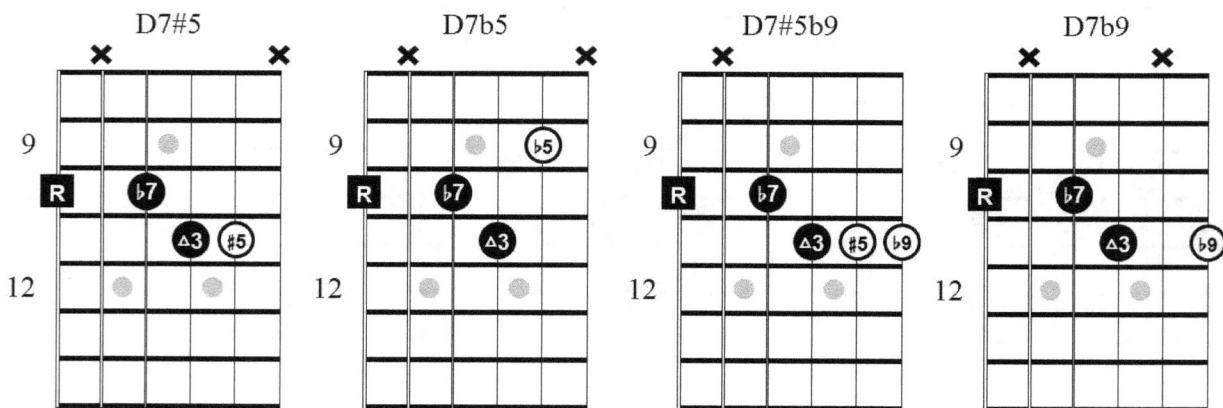

D7#5#9 (rootless)

```
  ✗  ✗
┌──┬──┬──┬──┐
│  │  │  ●  │
9 │  ●7 │  │
│  │  │ △3 #5
12│ ●  ●  │
│  │  │  │ #9
└──┴──┴──┴──┘
```

D13#9 (rootless)

```
  ✗  ✗
┌──┬──┬──┬──┐
│  │  │  ●  │
9 │  ●7 │  │
│  │  │ △3 │
12│ ●  │ 13 │
│  │  │  │ #9
└──┴──┴──┴──┘
```

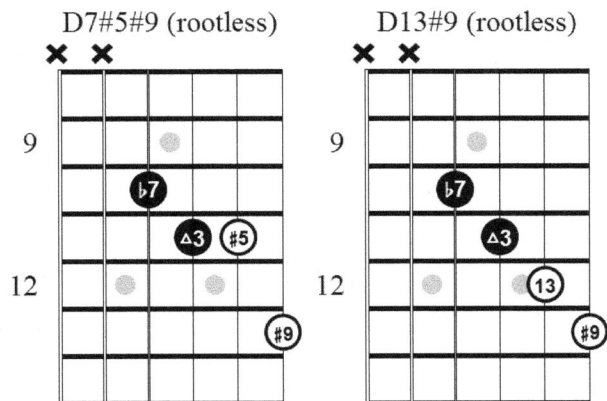

Isso pode ser feito com um acorde dominante 7 com a tônica na 4ª corda também, embora na posição básica da tônica que aprendemos anteriormente, nós devamos omitir a tônica ao adicionar a #9 ou b9.

Os exemplos a seguir usam um acorde de G7 como base das alterações.

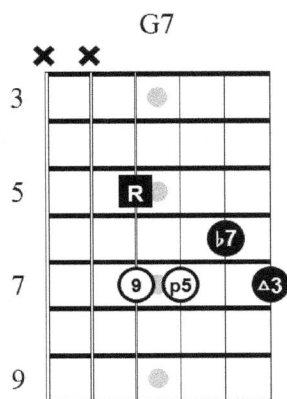

G7

```
  ✗  ✗
┌──┬──┬──┬──┐
3 │  │  ●  │
│  │  │  │  │
5 │  R  │  │
│  │  │  │ b7
7 │ 9  p5 │ △3
│  │  │  │  │
9 │  ●  │  │
└──┴──┴──┴──┘
```

As alterações mais fáceis para adicionar são as #5 e b5, embora normalmente a nota tônica seja aumentada um semitom para criar um acorde 7b9 sem tônica.

Exemplo 4c:

G7#5

```
  ✗  ✗
┌──┬──┬──┬──┐
3 │  │  ●  │
│  │  │  │  │
5 │  R  │  │
│  │  │  │ b7
7 │  │  │  ● △3
│  │ #5 │  │
9 │  │  ●  │
└──┴──┴──┴──┘
```

G7b5

```
  ✗  ✗
┌──┬──┬──┬──┐
3 │  │  ●  │
│  │  │  │  │
5 │  R  │  │
│  │ b5 b7 │
7 │  │  │  ● △3
│  │  │  │  │
9 │  │  ●  │
└──┴──┴──┴──┘
```

G7b9 (rootless)

```
  ✗  ✗
┌──┬──┬──┬──┐
3 │  │  ●  │
│  │  │  │  │
5 │  │  ●  │
│  │ b9 │ b7 │
7 │  │  p5 │ △3
│  │  │  │  │
9 │  │  ●  │
└──┴──┴──┴──┘
```

G7b5b9 (rootless)

```
  ✗  ✗
┌──┬──┬──┬──┐
3 │  │  ●  │
│  │  │  │  │
5 │  │  ●  │
│  │ b9 b5 b7
7 │  │  │  ● △3
│  │  │  │  │
9 │  │  ●  │
└──┴──┴──┴──┘
```

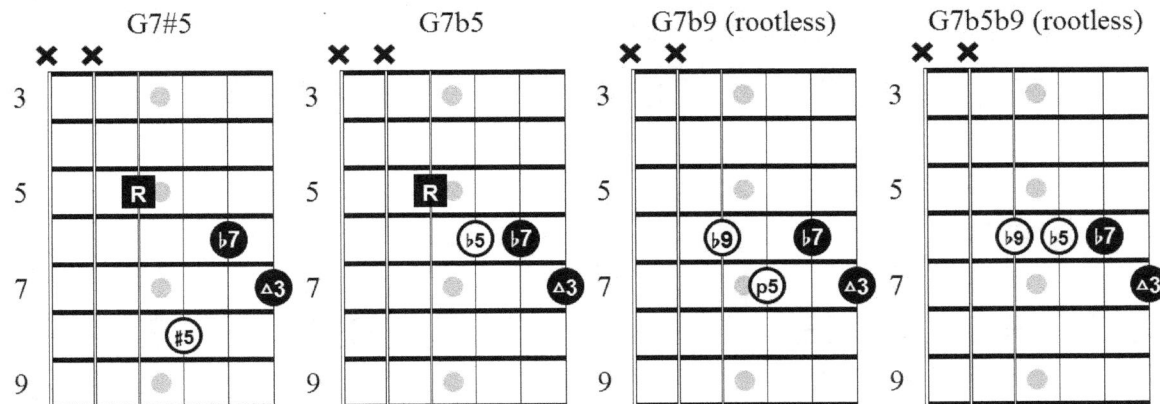

Frequentemente em diagramas de acordes de jazz, você verá simplesmente o símbolo "alt". Por exemplo, "D7alt". Isso significa que o compositor não especificou uma extensão alterada para o acorde dominante 7 e, portanto, você pode usar qualquer uma que ache que combina com a música.

Também é importante saber que só porque o diagrama do acorde informa um "7", isso não significa que o acorde deva ser tocado puramente como "7". Se o acorde dominante for *estático* (não se mover), é normal acrescentar tantas extensões naturais quanto você quiser. Por exemplo, quatro compassos de D7 poderiam ser tocados assim:

Exemplo 4d:

D13	D9	D13	D7

Se um acorde dominante 7 é *funcional* (resolvendo-se em outro acorde), então um acorde básico com "7" normalmente pode ser substituído por qualquer acorde dominante com uma extensão natural *ou* cromática.

Uma progressão de acordes como esta:

Exemplo 4e:

Am7	D7	GMaj7	E7

Pode ser tocada de qualquer uma das formas abaixo:

Exemplo 4f:

Am7	D7b9	GMaj7	E7#5b9

Exemplo 4g:

Am7	D7b5b9	GMaj7	E7#5#9

Exemplo 4h:

Am7	D9	GMaj7	E7b5#9

Tente tocar os exemplos começando em diferentes tônicas, e substitua qualquer extensão cromática ou diatônica que quiser pelos acordes dominantes que você já aprendeu.

1)

| Dm7 | G7 | CMaj7 | Dbm7b5 |

2)

| Cm7 | Em7b5 | BbMaj7 | G7 |

3)

| B7 (altered) | E7 (alt) | A7 (alt) | D7 (alt) | GMaj7 |

Nós podemos usar a mesma abordagem quando adicionamos alterações cromáticas nos acordes maior 7, menor 7 e m7b5, o segredo é simplesmente saber onde as alterações estão no braço.

No próximo capítulo, nós veremos em mais detalhes as notas guias (formato "shell" ou "guide tones") dos quatro tipos de acordes básicos e ver como nós podemos usar "shapes" simples para lidar com extensões complexas.

Capítulo Cinco: Formatos de Acorde Tônica e Notas Guias

Como já aprendemos, os notas guias são a 3ª e a 7ª de qualquer acorde. Mesmo sem tocar a tônica, nós podemos definir quase completamente um acorde apenas por sua 3ª e 7ª. Você aprenderá no livro dois que dois acordes dominantes relativos podem ter o mesmo grupo de notas guias, mas por enquanto nós podemos definir quase qualquer acorde por sua tônica, 3ª e 7ª.

Recapitulando,

Tipo de Acorde	Fórmula do Intervalo
Maior 7	1 3 5 7
Dominante 7	1 3 5 b7.
Menor 7	1 b3 5 b7
Menor 7b5	1 b3 5 b7

Uma pequena complicação surge com o acorde menor 7b5 porque ele tem as mesmas notas guias de um acorde menor 7. Isso não é necessariamente um problema porque embora eles *compartilhem* as mesmas notas guias, ao tocarmos apenas a b3 e b7 não estamos definindo se a 5ª é natural ou bemol. Em outras palavras, nós não estamos adicionando nenhuma informação extra e as notas guias soam bem seja o acorde m7 ou m7b5.

Nós também poderíamos apenas adicionar a b5 no formato m7b5, como você verá nesse capítulo.

Nós começaremos analisando um diagrama do braço com a tônica marcada, e o b3, 3, b7 e 7 realçados.

Esse exemplo está na tonalidade de C.

Guide Tones from
a 6th String Root

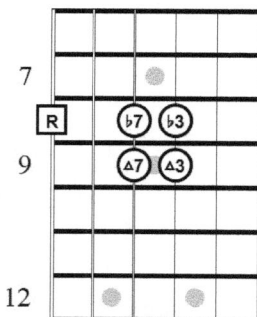

Ao tocar a tônica e qualquer 3ª ou 7ª, nós podemos definir as notas mais importantes do acorde.

Exemplo 5a:

Maj7 Guide Tones
Root 6th String

'7' Guide Tones
Root 6th String

m7 Guide Tones
Root 6th String

m7b5 Guide Tones
Root 6th String

Toque os exemplos acima e ouça o efeito que mudar apenas uma nota tem sobre cada formato. Você consegue perceber as qualidades de cada acorde definidas apenas por essas três notas?

Claro que você já notou que os acordes m7 e m7b5 compartilham as mesmas notas guias, como mencionado na introdução. Não se preocupe com isso por enquanto, mas se você estiver ansioso para ouvir o formato com notas guias e com a b5 adicionada, você pode tocar o seguinte acorde:

m7b5 Guide Tones
Root 6th String

Tente tocar a progressão a seguir usando só esses formatos com tônica e notas guias, baseados na 6ª corda.

Você pode ouvir isso no **exemplo 5b:**

Gm7b5   C7   Fm7   Dbmaj7

Agora, seguiremos em frente para ver aberturas com tônica na 5ª corda e notas guias.

Aqui está o resumo do braço:

E aqui está a tônica e os formatos com notas guias de cada acorde.

Maj7 Guide Tones
Root 5th String

'7' Guide Tones
Root 5th String

m7 Guide Tones
Root 5th String

m7b5 Guide Tones
Root 5th String

De novo, no diagrama do m7b5, a b5 **não** é um tom guia, sendo opcional. Por ora, eu sugiro ignorá-la.

Novamente, tente tocar a progressão a seguir usando só os formatos com tônica e notas guias na 5ª corda.

Gm7b5　　　　　　　C7　　　　　　　Fm7　　　　　　　Dbmaj7

É importante saber que nessa posição, as terças de cada acorde podem ser tocadas na quarta corda, uma oitava abaixo. Ao tocar a 3ª na quarta corda, nós podemos usar o seguinte mapa de notas guias:

Guide Tones from
a 5th String Root

Isso significa que os acordes com tônica e notas guias anteriores podem ser tocados:

Maj7 Guide Tones Root 5th String · '7' Guide Tones Root 5th String · 'm7' Guide Tones Root 5th String · 'm7b5' Guide Tones Root 5th String

Agora, vamos combinar as aberturas de tônica e notas guias a partir das tônicas na 5ª e na 6ª corda e tocar a mesma sequência de forma muito mais suave:

Exemplo 5c:

Gm7b5 · C7 · Fm7 · Dbmaj7

Tente essa abordagem começando na 6ª corda também:

Exemplo 5d:

Gm7b5   C7   Fm7   Dbmaj7

Ou

Exemplo 5e:

Gm7b5   C7   Fm7   Dbmaj7

Ouça a diferença entre o uso de diferentes aberturas de tônica e notas guias. Os formatos com a 3ª na segunda corda tendem a ser um pouco mais brilhantes que aqueles com a 3ª na quarta corda.

Finalmente, nós podemos aprender os formatos com notas guias e tônicas na quarta corda:

Guide Tones from a
4th String Root

Como você pode ver, mais uma vez há duas opções de onde posicionar a 3ª; na terceira e na primeira corda. Ambas são boas aberturas, mas tocar a terça na primeira corda torna o posicionamento dos dedos mais fácil. Experimente até encontrar seus sons e aberturas favoritos.

Os quatro tipos de acordes podem ser posicionados com a tônica na quarta corda da seguinte forma.

Maj 7 Guide Tones
Root 4th String

'7' Guide Tones
Root 4th String

m7 Guide Tones
Root 4th String

m7b5 Guide Tones
Root 4th String

Novamente, comece tocando o mesmo acorde apenas usando os formatos com tônica na 4ª corda:

Gm7b5   C7   Fm7   Dbmaj7

Depois, tente combinar as tônicas da 4ª e 5ª cordas. Aqui está um possível caminho entre as mudanças:

Exemplo 5f:

Finalmente, tente combinar os três grupos de cordas e encontre tantos caminhos quanto puder entre as mudanças. Aqui está um começando na 4ª corda.

Exemplo 5g:

Tente usar a mesma abordagem com as seguintes progressões:

1)

Dm7		Em7b5	A7	Dm7		Bb7	A7	DMaj7

2)

Dm7		G7		CMaj7		Dbm7b5	

3)

Cm7		Em7b5		BbMaj7		G7	

Aberturas com tônica e notas guias são bem úteis ao tocar guitarra base no jazz, especialmente quando você está tocando com uma "big band" ou qualquer formação com piano. Partes de piano e trompete podem dar normalmente muita informação harmônica, e ao tocarmos por cima na guitarra, nós podemos entrar em conflito com esses outros instrumentos a menos que as partes sejam trabalhadas com cuidado.

Ao tocar aberturas com tônica e notas guias, nós estamos tocando apenas a informação básica (embora essencial) do acorde e podemos nos focar em oferecer um acompanhamento rítmico ao conjunto.

No próximo capítulo, nós veremos como podemos remover até mesmo as tônicas dessas aberturas, antes de aprender a inserir extensões naturais e alterações cromáticas aos acordes em formatos "shell" básicos.

Capítulo Seis: Usando Acordes com Tônica e Notas Guias

Como mencionado no capítulo anterior, as notas definidoras de qualquer acorde são a 3ª e a 7ª. Se nós tocarmos apenas esses dois intervalos, nós podemos definir quase qualquer acorde. Nesse capítulo, nós veremos como podemos usar a informação harmônica correta, mesmo em progressões muito complexas, com apenas duas notas em cada acorde.

Pense na progressão a seguir:

A partir do que aprendemos, temos algumas abordagens que podemos usar ao tocar essa linha de acordes.

Uma solução pode ser a seguinte sequência.

Exemplo 6a:

Essas aberturas de acordes funcionam muito bem em bandas pequenas, talvez acompanhando um cantor ou em um pequeno trio sem um piano.

Se a banda aumentar, é provável que nós queiramos reduzir a quantidade de notas que estamos tocando e deixar outros instrumentos cuidarem das extensões e alterações. É provável que haja um outro instrumento tocando a linha de baixo, possivelmente um contrabaixo ou trompete.

Nesses contextos, os guitarristas normalmente diminuem a quantidade de notas que estão tocando a apenas aberturas com notas guias sem a tônica.

Você já aprendeu onde essas notas ficam no braço junto com a tônica do acorde, mas agora tentaremos tocá-las isoladas e ver se ainda conseguimos "ouvir" a harmonia da progressão implícita nessas notas.

Para tocar essas aberturas, *visualize* as tônicas de cada formato, mas não toque-as. Pode ajudar a princípio posicionar o acorde completo, mas apenas palhetar ou dedilhar as notas desejadas.

Veja como tocar a progressão anterior com notas guias. Eu estou visualizando as tônicas na 6ª e 5ª cordas:

Exemplo 6b:

Quando você dominar esse exemplo, compare com os exemplos 6a e 6b. Toque o exemplo 6a e logo depois toque o 6b. Embora o 6b certamente não tenha a "riqueza" do 6a, você pode certamente ouvir a harmonia movendo-se como descrito nos símbolos de acordes.

Ao usar notas guias assim, podemos facilmente transmitir a informação importante em uma sequência de acordes enquanto deixamos bastante espaço para outros instrumentos na banda tocarem suas partes.

O exemplo anterior mostra um ponto importante e interessante. Como você deve saber, a progressão "ii V I" (dois, cinco, um) é a sequência de acorde mais comum no jazz. O ii V I é formado quando harmonizamos os graus 2, 5 e tônica da escala maior. É raro encontrar um tema de jazz que não tenha pelo menos uma se não muitas progressão ii V I.

Os últimos dois compassos do exemplo 6b formam uma progressão ii V I padrão. Como essa sequência ocorre com frequência no jazz, é importante começar criando um "dicionário" de diferentes maneiras de tocar esses acordes. Usar os formatos de notas guias sem tônica dessa forma é uma das maneiras mais simples de caminhar por essa sequência de acordes, já que nós só trocamos uma nota por vez.

Em um ii V I normal, o b7 do acorde ii irá *sempre* descer um semitom para se tornar a 3ª do acorde V. O b3 do acorde ii continua o mesmo e se torna o b6 do acorde V.

Quando o acorde V se move para o acorde I, o b7 do acorde V irá *sempre* descer um semitom para se tornar a 3ª do acorde I. A 3ª do acorde V continua a mesma e se torna a 7ª do acorde I.

Isso é mais fácil de ver nos diagramas a seguir:

Saber que esse movimento é sempre o mesmo em um ii V I é bastante útil já que nos permite fazer o menor movimento possível para definir um novo acorde. Também é uma excelente forma de começar a aprender como os intervalos de acordes se movem no braço da guitarra. Isso é fantástico quando aplicado aos solos, uma vez que já sabemos onde as notas mais fortes de cada acorde estão localizadas na guitarra.

Veja novamente os dois primeiros compassos do exemplo 6b. Você consegue ver que esses acordes são uma série de "ii V" sem resolução?

As notas guias têm o mesmo movimento dos acordes no compasso três, mas eles não se resolvem num acorde tônica maj7 como os acordes finais.

Esse tipo de sequência é muito comum no jazz e é usada em músicas como Blues for Alice de Charlie Parker onde há muitas substituições na harmonia original.

Estude os compassos um e dois do exemplo 6b para garantir que você entendeu como os tons guias estão se movendo. Perceba que nesses ciclos, apenas uma nota se move por vez.

Tente tocar o exemplo 6b usando tons guias baseados na 5ª e 6ª cordas. Lembre-se de apenas visualizar a tônica, mas não tocá-la.

Outra progressão de acordes usual no jazz é a sequência "vi ii V I" (seis, dois, cinco, um). As *qualidades* do acorde normalmente variam nessa sequência (geralmente o VI e ii são tocados como acordes dominantes), mas em sua forma natural o acorde vi é um menor 7 (por isso o numeral romano está em letra minúscula: vi identifica menor, VI identifica maior, VI7 identifica um acorde com 7ª).

Uma sequência vi ii V I na tonalidade de G pode ser assim:

Nós vimos algumas formas para tocar essa sequência, entretanto se a reduzirmos a apenas algumas notas guias, nós podemos tocá-la assim.

Exemplo 6c:

Como eu mencionei anteriormente, as qualidades dessas progressões de acordes normalmente mudam. Aqui está um exemplo da mesma sequência, mas dessa vez cada acorde é tocado como um dominante 7.

Exemplo 6d:

Tente tocar o exemplo acima com e sem as tônicas, e também toque-o enquanto visualiza a tônica do acorde E na 6ª corda (12ª casa). Você perceberá que apenas precisa mover os tons guias para baixo em um semitom por vez (uma casa) para tocar essa sequência.

Pratique usando as aberturas de notas guias sem tônicas em todos os exemplos do capítulo anterior. Você também pode facilmente encontrar diagramas de acordes na internet ou em livros. Especificamente, você pode começar estudando músicas de jazz blues como Billie's Bounce ou Blues for Alice, e músicas com variações rítmicas, como I Got Rhythm ou Anthropology já que elas têm muitos movimentos e acordes.

Tente tocar músicas inteiras em grupos de cordas adjacentes, por exemplo, na 2ª e 3ª e na 3ª e 4ª cordas. Mantenha os seus movimentos em notas guias os mais próximos e suaves que puder. Lembre-se de ignorar qualquer extensão natural ou cromática dos acordes. Se você vir qualquer acorde maior 6 ou menor 6, por enquanto toque-os como Maior 7 ou menor 7.

Quanto mais praticar esse tipo de ritmo, mais profundo seu conhecimento sobre movimentos de acordes de jazz se tornará. Dividir uma música de jazz em seus elementos essenciais é uma excelente forma de *ouvir* a música de forma correta, e isso por sua vez facilitará que você toque os acordes e sole.

Uma outra razão pela qual os guitarristas gostam de aberturas com notas guias sem tônica nas cordas do meio é que elas dão bastante espaço para inserir linhas de baixo e melodias na harmonia básica. Nós veremos esses conceitos no livro três.

Capítulo Sete: Notas Guias com Extensões e sem Tônica

É normal usar aberturas com "notas guias sem tônica e uma extensão". Nesse caso, tocamos as notas guias como no capítulo anterior e adicionaremos colorido escolhendo uma extensão ou alteração apropriada.

Essa ideia é uma forma bem útil para adicionar profundidade e riqueza aos seus acordes sem se sobrepor a banda. O segredo é conhecer o braço da sua guitarra em termos de intervalos a partir de qualquer tônica.

Nós começaremos escolhendo a tônica e aprendendo onde todas as extensões naturais estão em relação a ela. Como essa é uma tonalidade de jazz usual, nós trabalharemos na tonalidade de Bb.

Natural Extensions
6th String Root

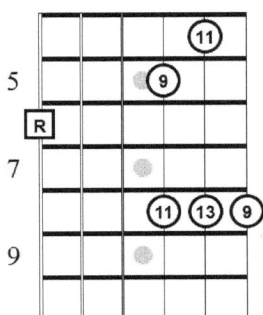

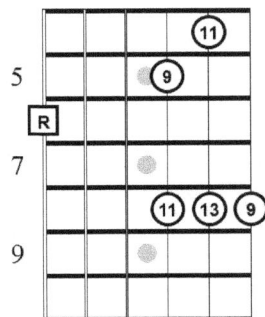

As notas na 3ª corda podem nem sempre serem úteis já que geralmente estaremos tocando uma nota guia nessa corda, embora haja momentos em que iremos querer omitir a 3ª de um acorde em detrimento da 11ª.

Não se esqueça que nós também podemos mover a 3ª da abertura com tons guias para a 5ª corda se precisarmos alcançar uma extensão na 3ª corda, apesar desse tipo de abertura seja grave e fechado.

Para relembrar, aqui estão algumas notas guias de um Bb7 ao lado das extensões do diagrama anterior:

'7 'Guide Tones
6th String Root

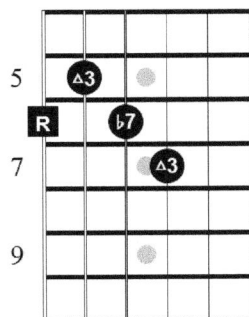

Natural Extensions
6th String Root

Agora, podemos combinar esses diagramas para tocarmos uma abertura de notas guias com extensão.

Por exemplo, aqui estão duas excelentes aberturas de um acorde Bb9.

Exemplo 7a:

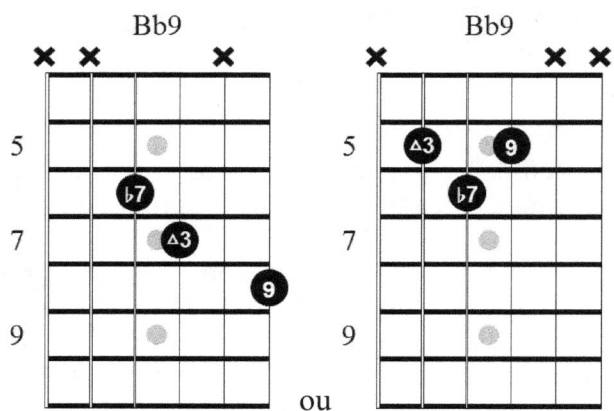

Bb9

Bb9

ou

O formato "13", a seguir, é excelente.

Exemplo 7b:

Bb13

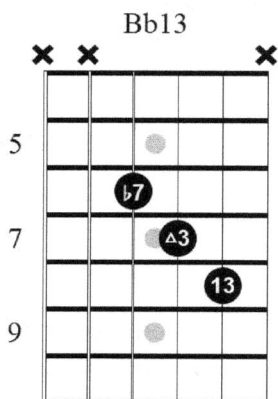

Você poderia tocar um acorde Bb11 "verdadeiro" da seguinte forma.

Exemplo 7c:

Bb11

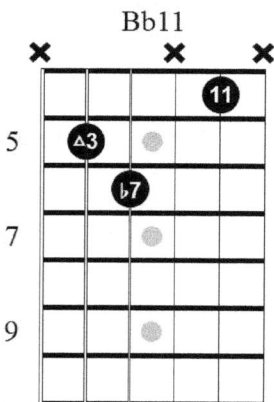

Acordes "11" normalmente precisam ser usados com cuidado, já que a 11ª/4ª está a apenas um semitom de distância da 3ª maior. Sempre tente colocá-las em diferentes oitavas. Além disso, é importante notar que acordes "11" são parecidos com um acorde 7sus4, mas não a mesma coisa. Ambos os acordes incluem a 11ª (4ª), entretanto um acorde 7sus4 omite a tônica para formar um acorde suspenso. Nesse caso, nós podemos simplesmente subir a 3ª um semitom para gerar o sus4.

O diagrama a seguir explica esse conceito.

Exemplo 7d:

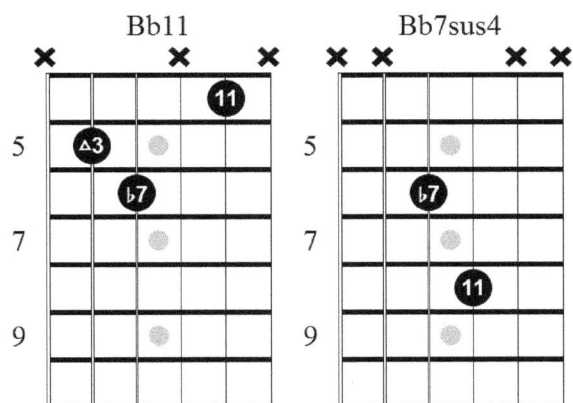

Bb11   Bb7sus4

Exemplo 7e:

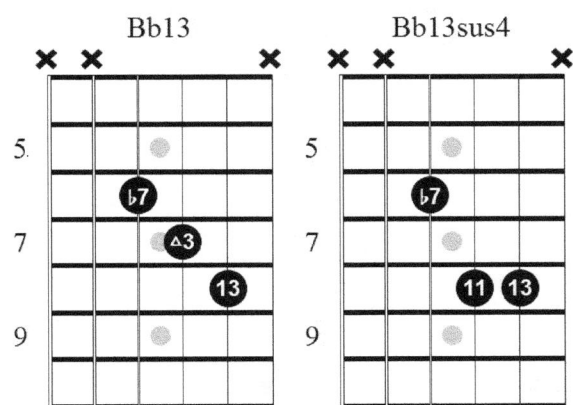

Bb13   Bb13sus4

Um acorde "sus" não tem uma 3ª. Os acordes "9", "11" ou "13" têm a 3ª mais uma extensão.

Agora, vamos seguir em frente para adicionar extensões alteradas nas nossas notas guias do dominante 7.

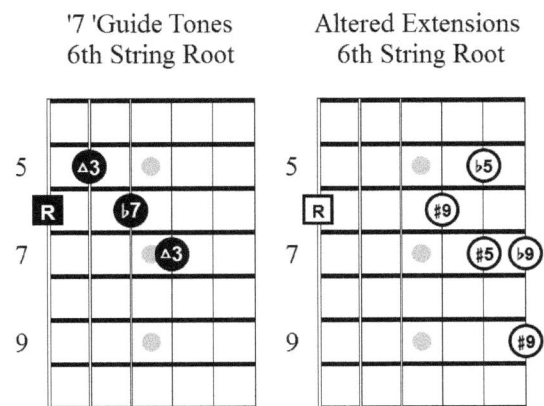

'7 'Guide Tones 6th String Root   Altered Extensions 6th String Root

Mais uma vez, uma extensão útil (a #9) está localizada na 3ª corda, por isso nós precisaremos descer a 3ª uma oitava para conseguir tocar essa nota confortavelmente. Além disso, a b9 e #9 que estão localizados na 1ª corda podem estar bem distantes do par de notas guias. Nesse caso, é possível algumas vezes subir a b7 uma oitava para melhorar o posicionamento dos dedos.

b7 up an octave
#9 voicing

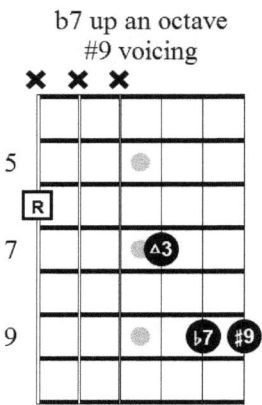

(Não toque a tônica nesse exemplo)

Assim como com todos esses formatos, a área da guitarra que você usará depende bastante de quais formatos de acorde antecedem e virão depois do atual.

Algumas posições comuns de notas guias com dominantes alteradas e extensões são:

Exemplo 7f:

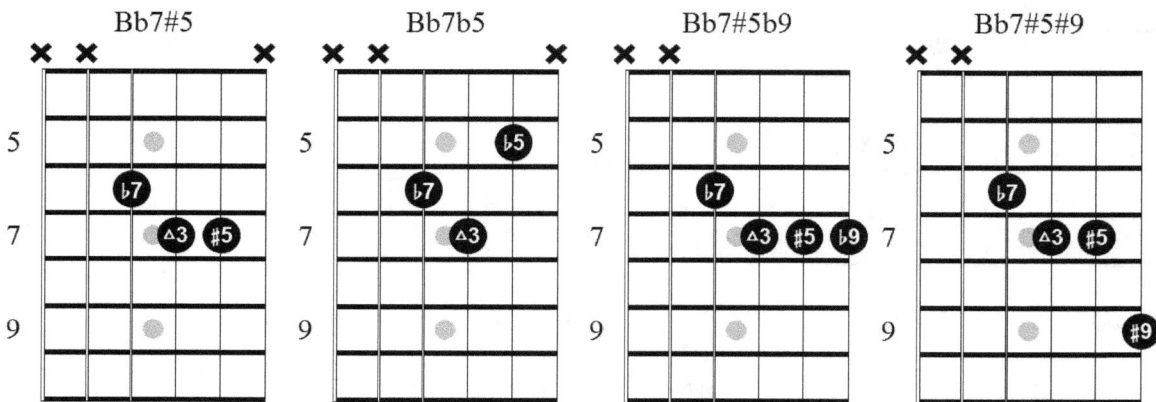

Claro, é perfeitamente aceitável combinar extensões naturais e alteradas dessa forma.

Exemplo 7g:

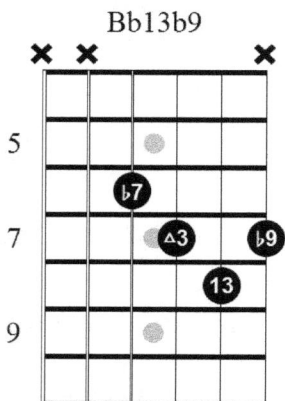

48

Esses formatos de acordes são todos móveis, portanto pratique tocá-los em diferentes tonalidades. É importante visualizá-los ao redor da tônica na 6ª corda.

Nós veremos agora as extensões naturais de um acorde dominante 7 com a tônica na 5ª corda. Aqui estão as extensões naturais e alteradas de um acorde de D7.

Natural Extensions
5th String Root

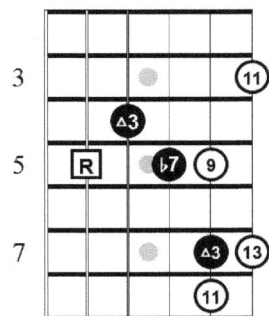

Altered Extensions
5th String Root

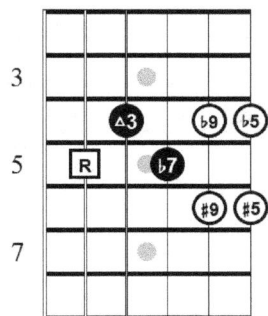

Perceba a 3ª na oitava mais alta destacada no primeiro diagrama.

Usando esses dois diagramas, nós podemos construir qualquer extensão natural ou alterada ou uma combinação das duas.

Exemplo 7h:

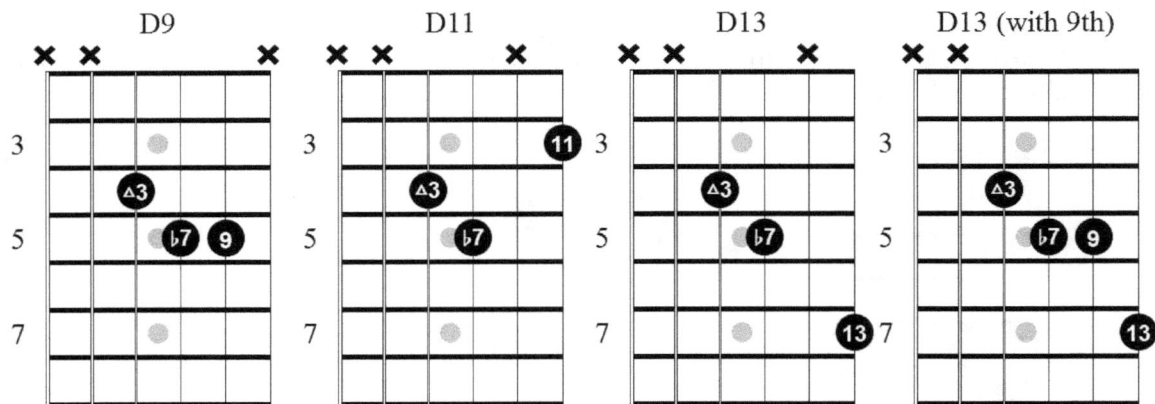

D9   D11   D13   D13 (with 9th)

Exemplo 7i:

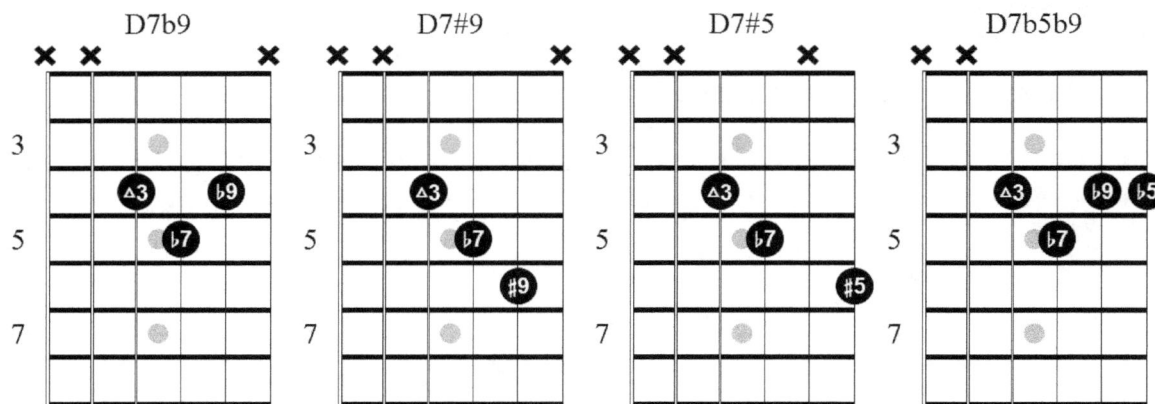

D7b9   D7#9   D7#5   D7b5b9

Exemplo 7j:

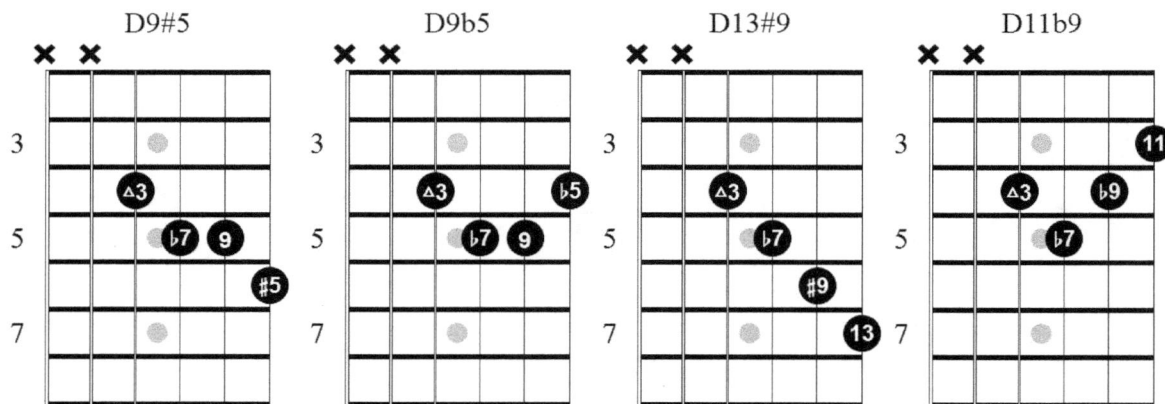

D9#5   D9b5   D13#9   D11b9

Tente combinar os formatos de tons guias com extensões da 5ª e 6ª cordas sobre as seguintes progressões de acordes. Veja quantas maneiras diferentes você descobre para se mover entre as mudanças.

As sequências de acordes a seguir podem ser bastante desafiadoras a princípio. Você pode adicionar as notas da tônica para ajudar a visualizar os acordes antes de omiti-las para tocar apenas as notas guias e extensões.

Novamente, veja quantas transcrições de jazz puder e aplique essas técnicas. Você rapidamente começará a ver o braço puramente em termos de intervalos de qualquer tônica. Isso é extremamente desejável para construir acordes e solos articulados rapidamente.

1)

2)

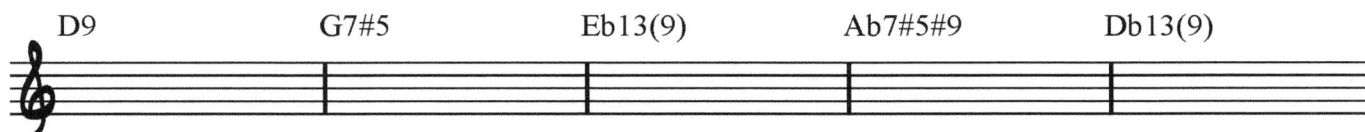

(9) = inclua a 9ª no acorde "13".

3)

As mesmas extensões se aplicam quer você esteja usando notas guias maior 7, menor 7 ou menor 7b5. Os diagramas abaixo mostram todas essas possibilidades com tônicas na 6ª e 5ª cordas. Elas são todas mostradas na tonalidade de C. As tônicas são descritas como quadrados brancos, as notas guias são escritas como círculos pretos e as extensões como círculos brancos.

Notas Guias Menor 7 / Menor 7b5 com Extensões

m7 (b5) Guide Tones
Root 6

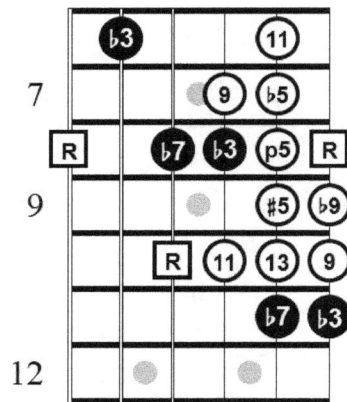

m7 (b5) Guide Tones
Root 5

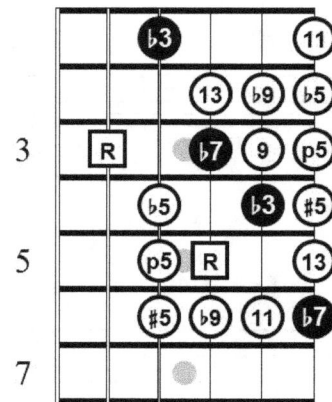

Notas Guias Maior 7 com extensões.

Maj7 Guide Tones
Root 6

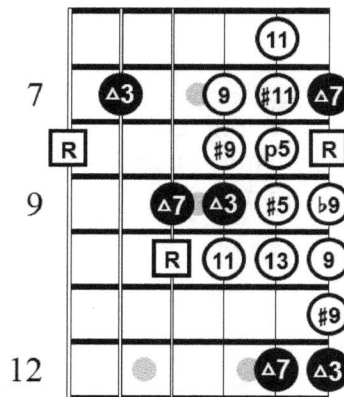

Maj7 Guide Tones
Root 5

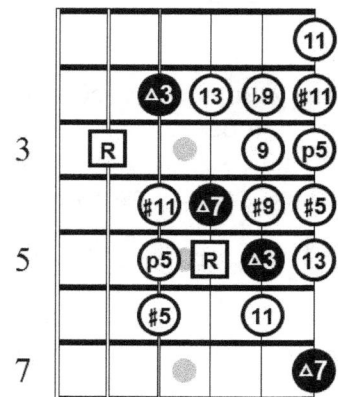

*Maj7#9 e Maj7b9 são ambos extremamente raros de se ver, embora o sexto modo da escala menor harmônica se harmonize em um acorde maj13#9#11. Por isso, os acordes maj7#9 podem ocasionalmente surgir. Tenha certeza que a #9 está posicionada uma oitava acima da 3ª maior.

Com acordes do tipo Maj7, é preciso ter cuidado ao nomear intervalos b5 e #11, que são usados normalmente um no lugar do outro, embora isso seja teoricamente incorreto. O Maj7b5 implica que a 5ª natural tenha sido trocada pela b5, enquanto o maj7#11 implica que possa haver uma 5ª natural e uma #11 no acorde, embora isso não seja prática corriqueira com acordes de guitarra.

Notas Guias Dominante 7 com extensões.

Dom 7 Guide Tones
Root 6

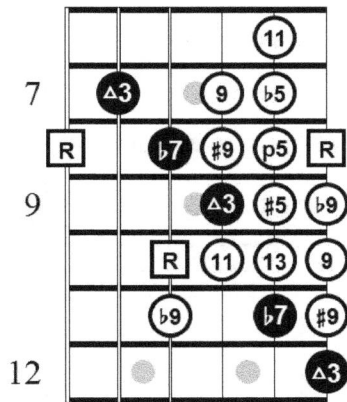

Dom 7 Guide Tones
Root 5

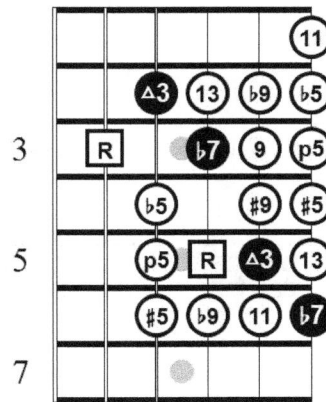

b5 = #11
#5 = b13

Essas duas páginas são das mais úteis nesse livro. Elas sintetizam cada formato de acorde básico e mostram como qualquer acorde simples ou complexo pode ser montado com apenas três ou quatro notas. Eu sugiro que você copie os diagramas nessas páginas e cole-os na parede enquanto pratica. Faça um esforço para memorizar esses intervalos e use-os quando estiver tocando.

Capítulo Oito: Aplicando Aberturas Estendidas com Notas Guias

Os últimos três capítulos tinham muita informação que devem levar algumas semanas para você memorizar e assimilar. Será útil ver algumas abordagens para ajudá-lo a internalizar e acessar rapidamente esses acordes.

Nós começaremos vendo uma progressão de acorde usual que tem os quatro tipos de acordes básicos.

| Gm7b5 | C7 | Fm7 | Dbmaj7 |

Comece se certificando que você consegue tocar essa progressão com os formatos de acordes do capítulo dois com tônicas na 6ª, 5ª e 4ª cordas, e que consegue se mover entre os acordes em cordas adjacentes. Esse processo é descrito em detalhes no capítulo dois.

Depois, toque a progressão de acordes usando apenas aberturas com tônica e notas guias. Encontre o maior número de possibilidades para caminhar entre as mudanças que você puder. Esse processo é descrito em detalhes no capítulo cinco.

Quando você tiver ganhado confiança com essas aberturas, adicione *apenas* uma extensão em cada acorde. Use a mesma extensão em cada acorde, quando for possível.

Nós começaremos com acordes com "9ª" e tocando a tônica do primeiro acorde na 5ª corda.

Exemplo 8a:

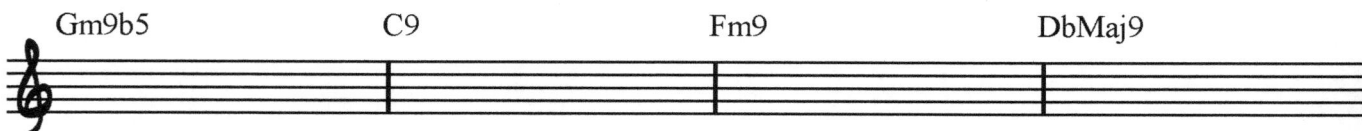

| Gm9b5 | C9 | Fm9 | DbMaj9 |

Esses acordes podem ser montados da seguinte forma:

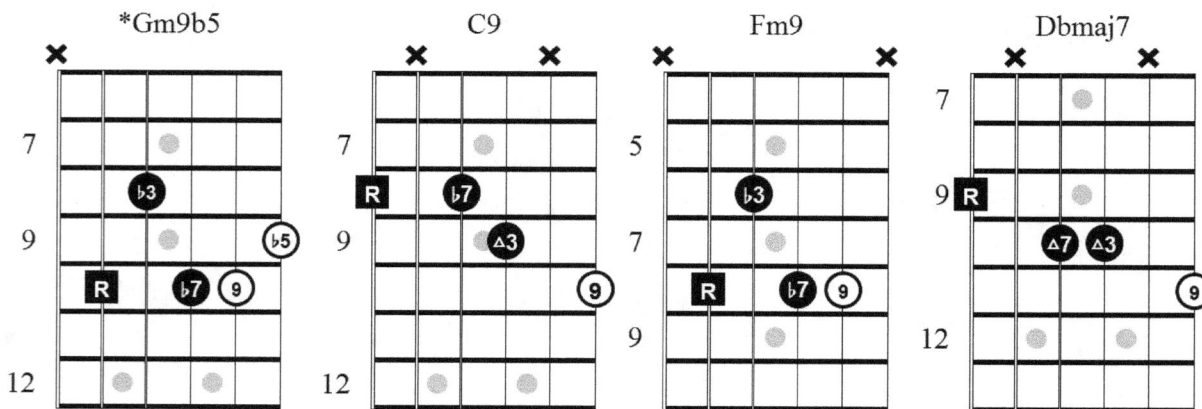

*Gm9b5   C9   Fm9   Dbmaj7

* Ao praticar aberturas com tons guias dessa forma, os acordes m7b5 sempre trazem um problema. As notas do acorde Gm9b5 são quase impossíveis de serem alcançadas devido a distância, por isso é necessário deixar uma nota de fora. Se quisermos ficar com os verdadeiros formatos de tônica + notas guias, então nós certamente deveríamos deixar o b5 de fora, mas isso nos dá exatamente o mesmo formato de um acorde m9, que não nos ajuda a distinguir entre os dois acordes.

Nós *poderíamos* tocar o b5 na 5ª corda como no diagrama a seguir, mas isso significaria deixar de fora o b3. (Se tocarmos o b3 na segunda corda, então não conseguiremos adicionar a 9ª. Essa é de fato uma escolha relativamente boa de abertura, embora a 3ª não seja tocada, o ouvido preenche o espaço.

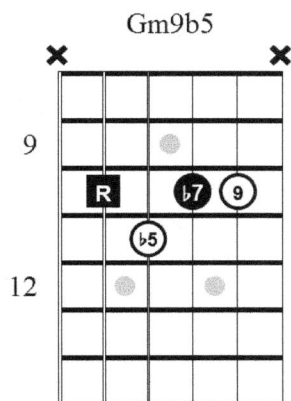

Gm9b5

Outra alternativa é omitir a tônica, embora ela não se encaixe realmente no sistema de tônicas e notas guias que estamos aprendendo. Esse é um excelente formato em certos contextos, mas tocado isoladamente ele pode facilmente soar como um acorde menor/Maj7 com a tônica na 4ª corda.

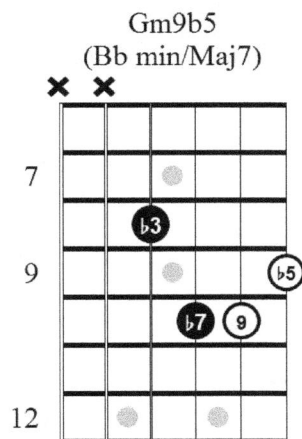

Gm9b5
(Bb min/Maj7)

Qual é a resposta? Bem, a verdade é que não há nenhuma maneira consistente de organizar todos os tipos de acordes por causa da organização das notas no braço da guitarra. Meu conselho poderia ser diferente dependendo da sua habilidade e nível de conforto com esse tipo de material.

Eu certamente sugeriria que seu ponto de partida fosse omitir a b5 e montar o acorde com o mesmo formato do m9 a fim de desenvolver um sistema consistente. Faça isso, mas *visualize* as possíveis localizações do b5 e tente incorporá-las em sua forma de tocar mais tarde.

Depois, toque cada acorde em um formato 11, quando possível.

Exemplo 8b:

Gm11b5   C11   Fm11   *Dbmaj7#11

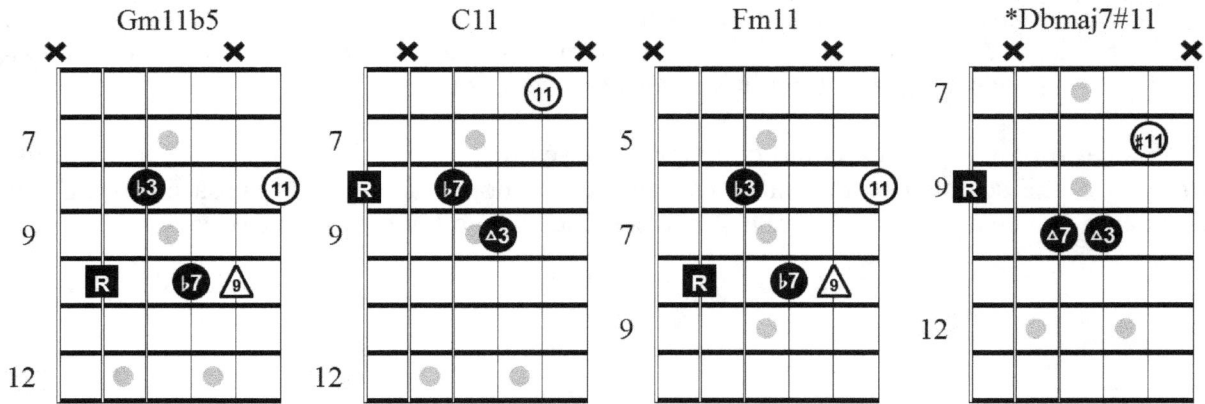

Os acordes Maior 7 com uma 11 natural adicionada são bastante raros por causa do choque de semitons entre a 3ª e a 11ª. Frequentemente, você verá que a 3ª é omitida do acorde sus4.

Os acordes Maior 7#11 são bem comuns, por isso minha sugestão é começar usando as #11 em acordes maior 7.

Você perceberá que em alguns dos diagramas acima, eu também inclui as 9ª dos acordes nos triângulos. Elas são opcionais e podem ser adicionadas se você quiser. Lembre-se que só porque um acorde está escrito como "13", isso não significa que você não possa adicionar a 9ª ou a 11ª. Por enquanto, entretanto, eu sugiro que você foque em adicionar apenas uma extensão à notas guias. A ideia desse exercício é permitir que você reconheça o braço da guitarra em termos de intervalos. Manter as coisas simples irá acelerar o processo.

Agora, repita o processo com acordes "13".

Acordes Maj13 requerem atenção ao seu formato. Há um potencial choque de semitons entre a 13ª (6ª) e a b7. Lembre-se de sempre deixar a 13ª uma oitava acima da b7.

Exemplo 8c:

Gm13b5   C13   Fm13   Dbmaj13

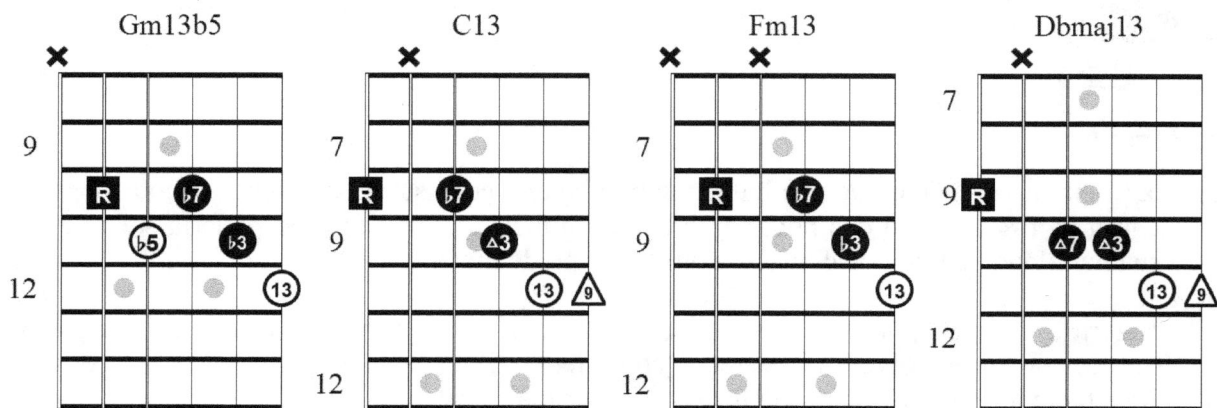

Antes de seguir em frente, repita essa parte, mas dessa vez tocando a progressão usando acordes sem tônica.

Por exemplo, o exercício anterior poderia ser tocado assim:

Exemplo 8d:

Gm13b5   C13   Fm13   Dbmaj13

Pode parecer exagero, mas seguir esse processo irá realmente criar novas possibilidades de abertura e te dar muitas opções quando você começar a adicionar melodias e ideias de *"walking bass"* no livro três. Também te ajudará bastante a internalizar a localização dos intervalos no braço, e depois começar a reconhecer *substituições de acordes* usuais que serão abordadas em detalhes no livro dois.

Agora, siga os mesmos passos, mas aplique o processo aos acordes usando formatos que comecem na 6ª corda. Este é o ponto de partida do seu estudo:

Exemplo 8e:

Gm9b5   C9   Fm9   Dbmaj9

Lembre-se de treinar de forma simples e metódica. O objetivo é aprender a localização das extensões nessa posição.

O próximo estágio é começar a inserir extensões alteradas nos acordes dominantes. Você pode usar a progressão anterior e adicionar extensões alteradas ao acorde C7, apesar de que por haver só um acorde dominante na progressão, você irá levar algum tempo para internalizar os sons e permutações disponíveis.

Eu sugiro que você use a progressão abaixo para introduzir extensões alteradas nos acordes dominantes.

D7   G7   C7   F7   BbMaj7

Comece adicionando uma extensão para cada acorde. No exemplo a seguir, eu adicionei uma #5 (b13) a cada acorde dominante.

Exemplo 8f:

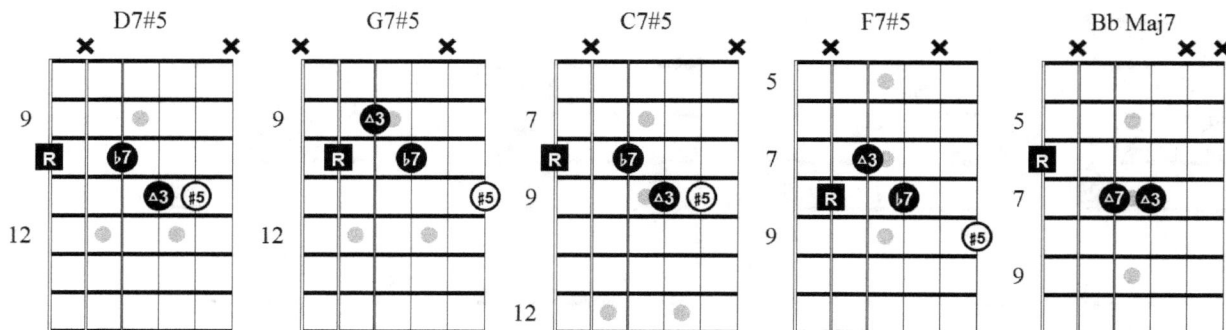

Mude a extensão alterada toda vez que usá-la e trabalhe em ambas as posições do braço. Se tiver problemas para chegar nas notas das aberturas no braço, é possível inverter para acordes sem tônica de vez em quando.

Ao ganhar confiança, tente combinar duas extensões alteradas diferentes. As combinações possíveis são:

b5	b9
b5	#9
b5	9
5	b9
5	#9

Você também pode combinar a 13ª com uma extensão alterada se a posição dos dedos no braço permitir.

Lembre-se que extensões alteradas são mais apropriadas para progressões onde o acorde dominante é *funcional*. Isso significa que o acorde dominante está se movendo para outro acorde, que normalmente está a uma 4ª ou 5ª de distância.

Quando o acorde dominante for estático é normalmente apropriado inserir extensões alteradas, embora haja algumas exceções a ambas as regras.

As variações de acordes a seguir são ótimas para treinar novas ideias de extensões e desenvolver frases entre as mudanças de acordes que você pode aplicar a muitas progressões de jazz usuais.

Line 1: BbMaj7 | G7 | Cm7 | F7 | Dm7 | G7 | C7 | F7

Line 2: Fm7 | Bb7 | EbMaj7 | Ebm7 | Dm7 | G7 | Cm7 | F7

Line 3: Em7b5 | A7 | Dm7 | Am7b5 | D7 | Gm7

Line 4: Bb7 | A7 | Dmaj7

Claro, há muitas, muitas progressões de jazz nas quais você pode usar esses conceitos. Adquira uma cópia do "The Real Book" e escolha algumas músicas para testar sua habilidade. Esse é o melhor tipo de treino.

Capítulo Nove: Acordes Diminuta com 7ª

Agora, que vimos como os quatro acordes com 7ª mais comuns são formados e tocados, nós veremos algumas estruturas que ficam um pouco fora do sistema que usamos até aqui. Os acordes nos próximos capítulos são bem recorrentes no jazz.

Nós começaremos com o acorde diminuta com 7ª.

Como vimos no capítulo um, uma tríade diminuta consiste nos intervalos da escala: 1 b3 b5. Um acorde diminuta com 7 adiciona um intervalo bb7 (duplo bemol 7) a essa fórmula.

1 b3 b5 bb7

Na tonalidade de C essa fórmula gera as notas C Eb Gb Bbb (ou A).

Os acordes diminuta com 7ª surgem normalmente na harmonização do 7º grau da escala harmônica menor.

Embora o bb7 seja harmonicamente a mesma nota que a 6ª, essa estrutura é sempre vista como um formato com 7ª.

Quando colocadas uma após a outra no braço, você perceberá que as notas de um acorde diminuta têm uma característica peculiar.

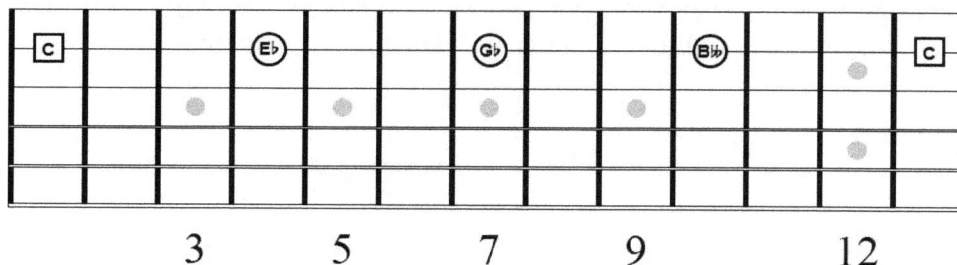

Cada nota está a uma 3ª menor (um tom e meio) de distância da outra. Isso tem algumas consequências teóricas complexas, mas por enquanto é importante perceber uma coisa:

As notas nos acordes de Cdim7, Ebdim7, Gbdim7 e Adim7 são as mesmas. Essa simetria leva a algumas possibilidades interessantes de modulação (mudanças de tonalidade) que estudaremos na parte três.

Acordes diminuta têm um som reconhecível instantaneamente, e foram bastante usados em filmes de terror antigos e por J.S. Bach!

Você pode formar acordes diminutos com 7ª posicionando as tônicas na 6ª, 5ª e 4ª cordas.

Exemplo 9a:

G Diminished 7
Root 6

G Diminished 7
Root 5

G Diminished 7
Root 4

Para criar um som de terror clássico, tente mover o acorde diminuta com 7ª acima ou abaixo no intervalo de uma 3ª menor:

Exemplo 9b:

Tente fazer isso com cada um dos três formatos acima.

Embora o acorde diminuta seja usado como um acorde definido por si mesmo, ele também é comumente usado como uma *substituição* de outros acordes. Nós veremos em detalhes algumas substituições de acordes na Parte Dois, mas nós veremos agora uma substituição importante com o acorde diminuta com 7ª.

Compare os acordes de C7 e C# diminuto com 7ª.

Exemplo 9c:

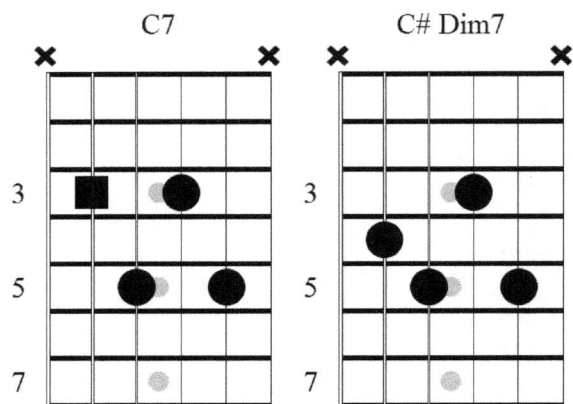

Você consegue ver que o acorde de C# diminuto tem exatamente as mesmas notas do C7, exceto pela tônica, que subiu um semitom para se tornar um intervalo b9?

Você pode ver isso no diagrama de intervalos a seguir.

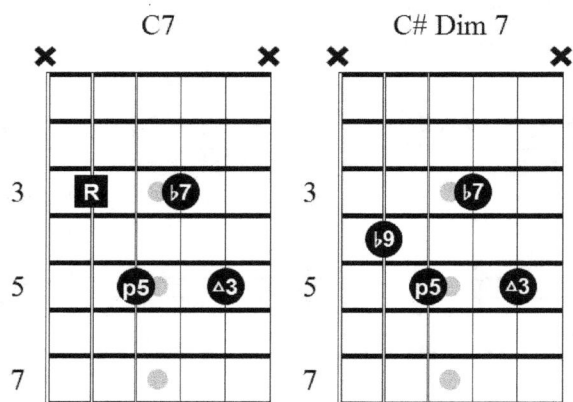

Um acorde de C# diminuto tem exatamente as mesmas notas que um acorde de C7b9 sem tônica. Essa têm sido uma das substituições mais comuns da música há muito tempo.

Por conveniência e por criar um sistema consistente de substituições, muitos músicos de jazz veem essa substituição como um acorde diminuta com 7ª na 3ª de um acorde dominante. Lembre-se, os acordes diminuta com 7ª são simétricos, por isso o C# diminuta com 7ª tem as mesmas notas que os seguintes acordes:

C#dim7 – Edim7 – Gdim7 – Bbdim7.

Por motivos que serão esclarecidos no capítulo catorze, é geralmente mais fácil de se ver um acorde de substituição construído em uma nota do acorde como a 3ª do que em uma nota fora do acorde como a b9, embora elas sejam tecnicamente a mesma coisa.

Essa substituição funciona bem toda vez que você se depara com um acorde dominante funcional. Tudo que você precisa fazer para insinuar um acorde 7b9 é tocar um acorde dim7 na terça do acorde dominante original.

Por exemplo, na progressão de acordes

Gm7   C7   FMaj7

Nós podemos substituir o acorde Edim7 para criar um acorde com o som C7b9:

Exemplo 9d:

Gm7   C# Dim 7   Fm7

Gm7   C7b9 / E Dim7   FMaj7

Por sua natureza simétrica, não há nenhuma razão pela qual não possamos usar mais de uma substituição diminuta no acorde C7. Tente mover o acorde diminuta acima por três casas antes de resolver no acorde de FMaj7:

Exemplo 9e:

Gm7   C7b9 / E Dim7   C7b9 / E Dim7   FMaj7

Formatos diferentes do mesmo acorde são chamados de *inversões.*

Desde que estejam no ritmo, você pode tocar quantos formatos da substituição diminuta com 7ª quiser em lugar do acorde dominante com 7ª original.

Embora seja um pouco datada, essa é a primeira substituição de acordes que muitos músicos de jazz aprendem, já que ela permite acessar instantaneamente um som dominante alterado.

O acorde diminuta com 7ª pode ser um pouco difícil de ser posicionado com os dedos no braço. Uma dica para os formatos na 5ª e 6ª cordas é desenvolver sua habilidade nos dedos montando o acorde dominante com 7ª e depois alterá-lo rapidamente para o formato diminuta com 7ª. Por exemplo, tente mudar entre os seguintes formatos:

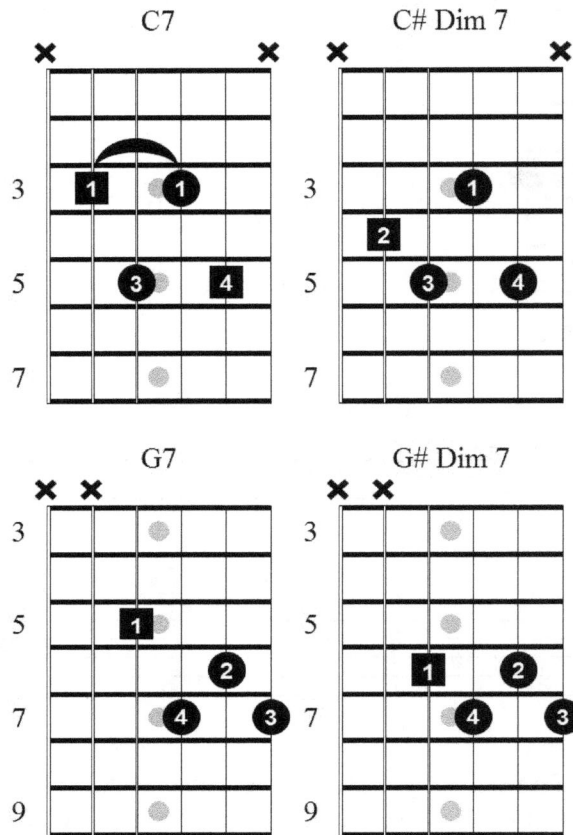

C7   C# Dim 7

G7   G# Dim 7

Eu recomendaria que você usasse os seguintes dedos para montar o acorde diminuta com 7ª na 6ª corda.

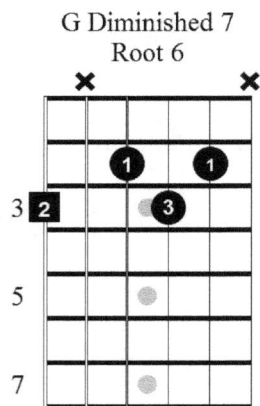

G Diminished 7
Root 6

Uma utilização comum do acorde diminuta com 7ª está no sexto compasso de um jazz blues:

Exemplo 9f:

| Bb7 | Eb7 | Bb7 | Bm7   E9 |

| Eb7 | E Dim7 | Bb7 | G7 |

| Cm7 | F7 | Bb7   G7 | Cm7   F7 |

Usar o acorde de Edim7 no compasso seis tem o efeito de criar um acorde Eb7b9 que adiciona um pouco de tensão antes de resolver-se de volta no Bb, tônica da progressão.

Tente usar uma substituição diminuta para cada um dos acordes dominantes com 7ª nos últimos dois compassos da progressão.

Em vez de

| Bb7 | G7 | Cm7 | F7 |

Toque um acorde dim7 na 3ª (ou b9) de cada acorde com 7ª:

| Bb7 | B Dim7 (G# Dim7) | Cm7 | A Dim7 (F# Dim7) |

Pratique essa substituição diminuta com os formatos baseados a partir da 6ª, 5ª e 4ª cordas.

Lembre-se da seguinte regra: "Qualquer acorde dominante funcional pode ser trocado por um acorde diminuta construído na 3ª para criar um som de 7b9."

Capítulo Dez: Acordes Maiores e Menores com 6ª

Os acordes maiores e menores com 6ª são frequentemente usados em muitos tipos de música, especialmente nas gerações recentes do jazz. Eles são extremamente úteis de se saber.

Acordes maiores com 6ª têm a fórmula 1 3 5 6.

Acordes menores com 6ª têm a fórmula 1 b3 5 6.

Em contextos modais, você pode ocasionalmente precisar tocar um b6 em um acorde menor, embora seja relativamente incomum.

Acordes Maiores com 6ª

Há duas formas de pensar sobre acordes maiores com 6ª, seja como a tríade (1 3 5) com a 6ª adicionada ou como um acorde maior com 7ª, onde a 7ª desceu um tom. Ambas as formas são corretas.

Os acordes maiores com 6ª são normalmente transcritos simplesmente com "6" ou "M6", por exemplo C6 ou CM6, embora a primeira seja mais comum.

Você pode formar acordes maiores com 6ª posicionando as tônicas na 6ª, 5ª e 4ª cordas.

Exemplo 10a:

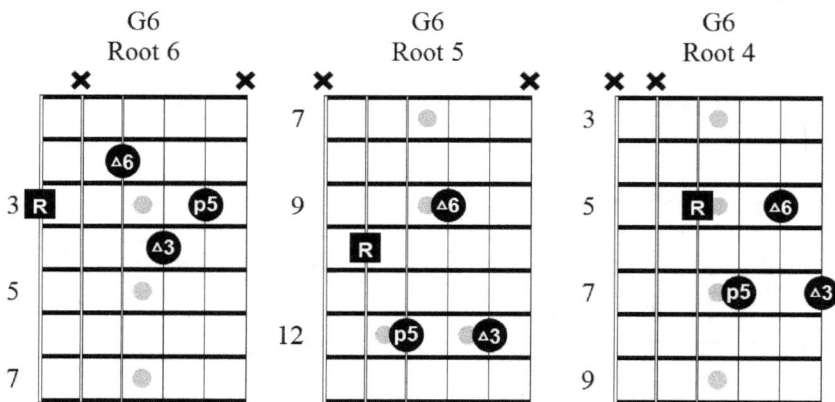

Analise os diagramas a seguir e você verá por que um acorde maior com 6ª pode ser pensado como um acorde maior com 7ª com a 7ª reduzida um tom.

Exemplo 10b:

GMaj7
Root 5

G6
Root 5

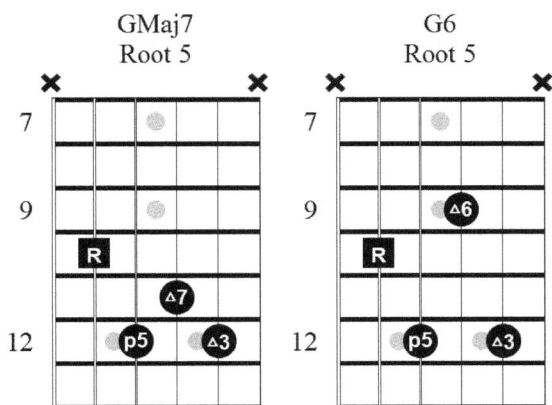

Acordes maiores com 6ª tem um som brilhante e são normalmente usados como uma substituição direta para um acorde maior ou algum tipo de acorde maior com 7ª.

Por exemplo, na progressão de acordes

Exemplo 10c:

BbMaj7   G7   Cm7   F7

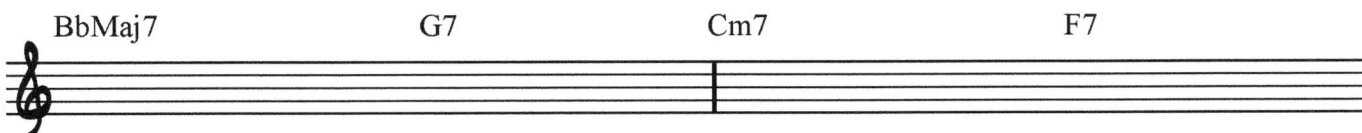

Você poderia certamente tocar o seguinte.

Exemplo 10d:

Bb6   G7   Cm7   F7

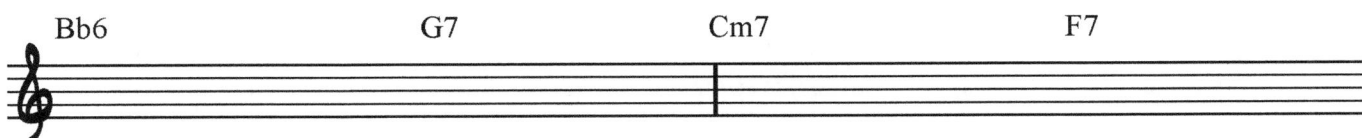

Embora muitas transcrições de músicas mais antigas usem o maior com 6ª, uma abordagem mais moderna é trocar o acorde maior com 6ª por um acorde maior com 7ª.

Toque a sequência de acordes a seguir começando na 6ª, 5ª e 4ª cordas

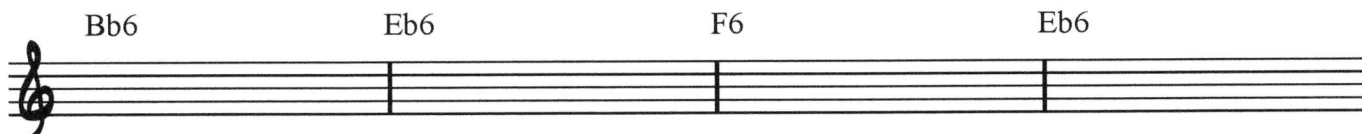

Bb6   Eb6   F6   Eb6

Substituições para o Acorde Maior com 6ª

Estude as notas do acorde de C6.

1 3 5 6 = C E G A

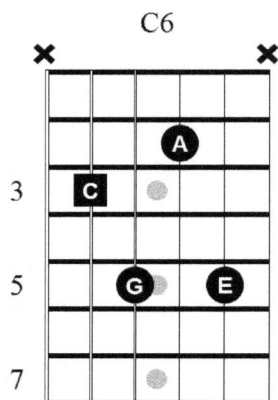

C6

Se reorganizarmos as notas

A C E G

Você consegue ver que acabamos de formar perfeitamente um acorde de A menor com 7ª. Com a tônica em A, as notas A C E G nos fornecem a fórmula 1 b3 5 b7.

Nós podemos usar Am7 como uma substituição direta para C6.

Resumindo: "Para criar um som maior com 6ª, nós podemos tocar um acorde menor com 7ª baseado na 6ª do acorde original".

Com substituições como essa é importante usar um registro relativamente mais alto da substituição, de outro modo há o risco dela não ser ouvida da forma desejada. Se a tônica da substituição for muito grave, o ouvinte poderá percebê-la como a verdadeira tônica do acorde quando na verdade ela é uma extensão.

Por exemplo, se o baixista está tocando uma nota C grave, nós podemos usar um formato de Am7 para fazer o ouvinte perceber um acorde de C6.

Eis aqui dois formatos de Am7, um grave e um agudo:

Exemplo 10e:

O segundo formato soa muito melhor porque ele está em um registro mais alto, apesar de conter as mesmas notas. Uma regra geral é tentar manter as extensões como a 6ª em uma região mais "alta", pois o ouvinte as percebe como intencionais.

Quando eu uso substituições dessa maneira, eu normalmente tento tocá-las nas quatro cordas mais agudas, ou pelo menos posicioná-las na metade mais aguda do braço ao tocar acordes com a tônica na 5ª corda. Experimentar é o segredo, portanto confie em seus ouvidos.

Na parte dois desse livro, nós aprenderemos muitas inversões de acordes usuais para que você tenha diversas formas de montar qualquer estrutura de acorde. Com essa informação, será mais fácil *sempre* usar um registro mais alto de uma substituição de acorde.

Por enquanto, pratique treinando qual acorde menor com 7ª você pode usar como uma substituição para criar os acordes a seguir:

1) G6
2) Bb6
3) F6

Respostas abaixo.[1]

Para praticar, treine a progressão a seguir usando tanto a posição tônica dos acordes com 6ª anteriores quanto as substituições de um acorde m7 no 6ª grau do acorde maj6.

Bb6 – Bb D F G

Eb6 – Eb G Bb C

G6 – G B D E

D6 – D F# A B

---

[1] 1) Em7, 2) Gm7, 3) Dm7

1)

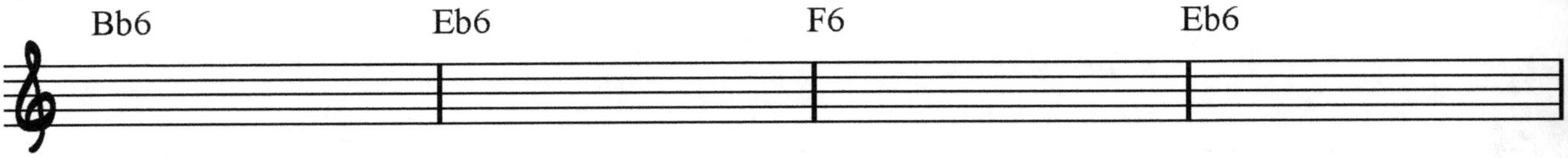
Bb6
Eb6
F6
Eb6

2)

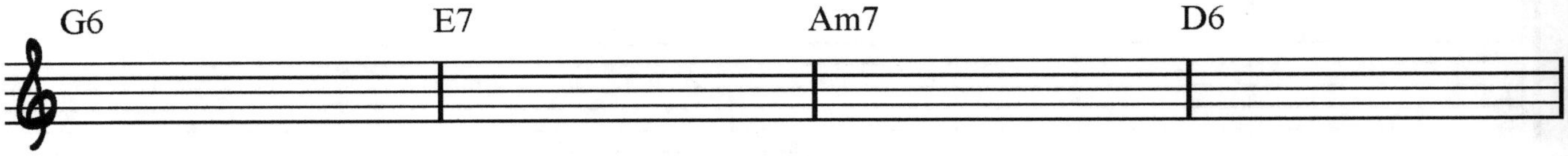
G6
E7
Am7
D6

Acordes Menores com 6ª

Acordes menores com 6ª têm a fórmula 1 b3 5 6. Eles podem ser vistos como uma tríade menor (1 b3 5) com uma 6ª adicionada ou como um acorde menor com 7ª com a 7ª meio tom abaixo. Na tonalidade de C, a fórmula 1 b3 5 6 gera as notas C Eb G A.

Acordes menores com 6ª são normalmente usados diretamente no lugar de acordes m7, mas às vezes o uso de um acorde m6 traz algumas consequências nos solos.

Acordes menores com 6ª podem ser montados a partir da 6ª, 5ª e 4ª cordas das seguintes maneiras.

(Tonalidade de G)

Exemplo 10f:

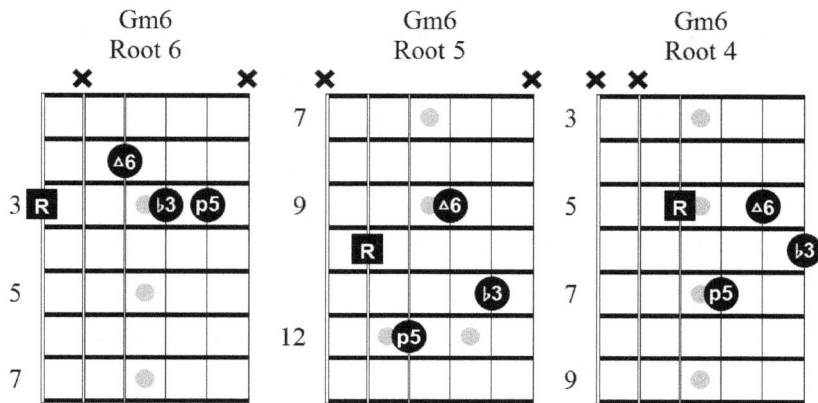

Gm6 Root 6 — Gm6 Root 5 — Gm6 Root 4

O diagrama a seguir mostra que um acorde m6 pode ser visto como um acorde m7 com a b7 um semitom abaixo.

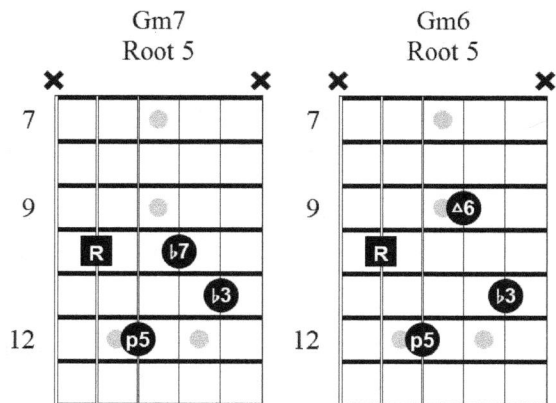

Gm7 Root 5 — Gm6 Root 5

A progressão a seguir é uma das mais comuns onde o acorde menor com 6ª é usada. Observe o acorde menor/Major7 que você verá em mais profundidade no capítulo doze.

Exemplo 10g:

Gm   Gm(Maj)7   Gm7   Gm6

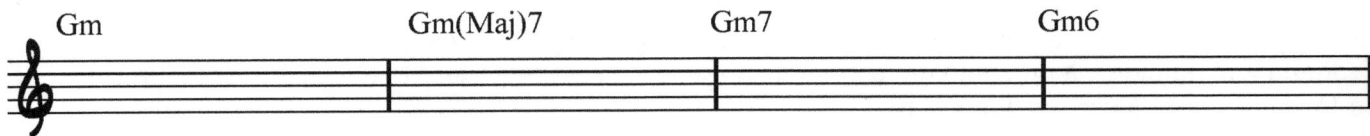

Essa sequência pode ser tocada:

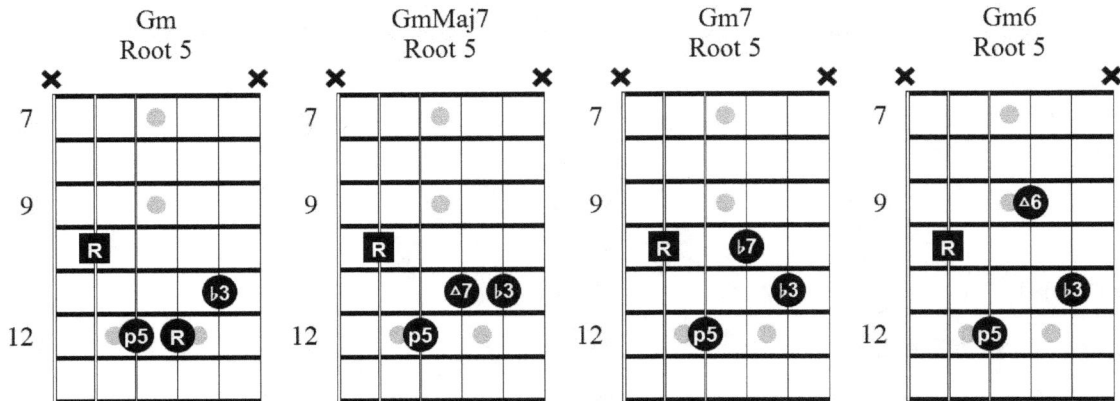

Gm / Root 5   GmMaj7 / Root 5   Gm7 / Root 5   Gm6 / Root 5

Como você pode notar, a tônica do acorde desce um semitom em cada mudança de acorde.

Se você vir um acorde m6 em um diagrama de acordes, ele normalmente está lá por uma razão específica: ou a melodia da música é uma 6ª ou – o que é mais provável – o diagrama está mostrando que esse acorde é a tônica em uma progressão *melódica menor*.

Sem mergulhar muito fundo na teoria musical, o acorde tônica (I) de uma escala melódica menor harmoniza-se para se tornar um acorde minMaj7 (lido, "Menor Maior com 7ª"). É um acorde *menor* com uma 7ª *maior* e tem a fórmula 1 b3 5 7. Esse é um acorde meio "tenso" e não tão estável quanto você poderia querer para um acorde "central".

Acordes menor/maior7 são excelentes, mas eles têm um clima peculiar que nem sempre é apropriado para uma balada em tom menor como você ouviu no exemplo anterior. Normalmente, uma solução usada pelos compositores é trocar o acorde tônica mMaj7 por um m6. (Entretanto, para ver um excelente uso de um acorde mMaj7 como tônica, ouça a versão de Miles Davis para Solar).

Se estiver solando e vir um acorde m6, normalmente a escala melódica menor é uma boa primeira opção.

Substituições para Acorde Menor com 6ª

Assim como poderíamos substituir um acorde m7 construído na 6ª do acorde maior com 6ª, nós podemos fazer algo similar com o acorde menor com 6ª.

Veja as notas no diagrama a seguir:

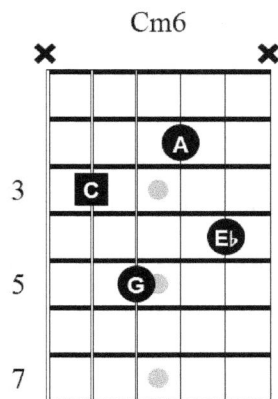

Se reorganizarmos as notas

A C Eb G,

Você pode ver que descreveu perfeitamente um acorde de Am7b5. Com a tônica em A, as notas A C Eb G nos fornecem a fórmula 1 b3 b5 b7.

Isso significa que um acorde m7b5 tocado uma sexta acima da tônica cria um acorde m6.

Para transferir esse conceito para outras tonalidades, simplesmente conte o intervalo de uma 6ª maior a partir da tônica e toque um acorde m7b5 nessa nota.

Por exemplo, para criar um acorde de Gm6, você tocaria um Em7b5 com uma nota G no baixo.

Para criar um acorde Bm7, você tocaria um acorde de G#m7b5 com um B no baixo.

Em qual nota você deve substituir o m7b5 para formar os seguintes acordes m7? Respostas abaixo.[2]

1) Dm6
2) Am6
3) F#m6

Um dos pontos positivos da guitarra é que ela pode ser um instrumento bastante visual. Se você souber como é um intervalo maior com 6ª no braço da guitarra, você sempre conseguirá achar rapidamente a substituição correta.

O intervalo de 6ª maior sempre irá ter esta forma, com a tônica na 6ª corda:

---

[2] 1) Bm7b5, 2) F#m7b5, 3) Dm7b5

Major 6th
Interval

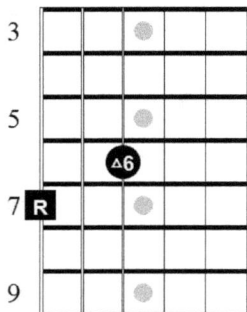

```
3  |  |  |  ●  |  |  |
   |  |  |  |  |  |  |
5  |  |  |  ●  |  |  |
   |  |  ⊿6 |  |  |  |
7  R  |  |  ●  |  |  |
   |  |  |  |  |  |  |
9  |  |  |  ●  |  |  |
```

Nós aprendemos no capítulo dois que podemos tocar um acorde m7b5 com a tônica na 4ª corda da seguinte maneira:

m7b5 Chord
4th String Root

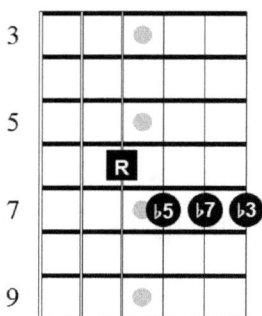

```
3  |  |  ●  |  |  |
   |  |  |  |  |  |
5  |  |  ●  |  |  |
   |  R  |  |  |  |
7  |  |  ♭5 ♭7 ♭3 |
   |  |  |  |  |  |
9  |  |  ●  |  |  |
```

Ao combinar esses dois diagramas, podemos mostrar que uma boa forma de visualizar o intervalo m6 é

m6 Substitution
Shape

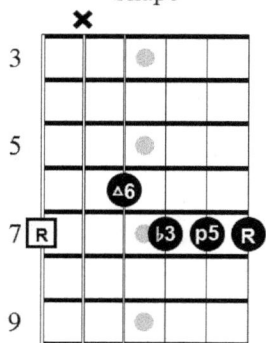

```
      ✗
3  |  |  ●  |  |  |
   |  |  |  |  |  |
5  |  |  ●  |  |  |
   |  ⊿6 |  |  |  |
7  R  |  |  ♭3 ♭5 R
   |  |  |  |  |  |
9  |  |  ●  |  |  |
```

Tudo que você precisa fazer é visualizar as notas nas três cordas mais agudas na mesma casa que a tônica na sexta corda.

O mesmo método funciona para formar um acorde maior com 6ª com um acorde m7:

Major 6 Substitution
Shape

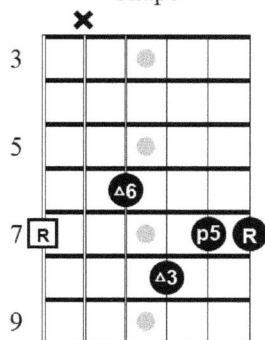

Essas visualizações são um bom ponto de partida ao aprender essas substituições de acordes, mas praticando você aprenderá rapidamente a como aplicar instantaneamente substituições importantes sem esforço.

Nós aprenderemos muito mais sobre substituições na Parte Dois desse livro, mas por enquanto tente encontrar tantas maneiras quanto puder para montar essas importantes substituições de acordes com 6ª.

Capítulo Onze: Acordes Maiores e Menores 6/9

Acordes Maiores 6/9 podem ter um som um pouco ambíguo já que eles têm duas extensões e nenhuma 7ª definida. Além disso, quando formados na guitarra, a 3ª é normalmente omitida.

A fórmula de um "verdadeiro" acorde Maior 6/9 é 1 3 5 6 9, embora as notas do acorde que serão incluídas irão depender do posicionamento confortável dos dedos.

Acordes maiores 6/9 são normalmente usados como o acorde final em um jazz para criar um som de "finalização" que você já ouviu diversas vezes. Eles são normalmente usados como uma substituição direta para qualquer tipo de acorde com 7ª porque adicionam riqueza e colorido a progressão.

Na tonalidade de C, a fórmula 1 3 5 6 9 gera as notas a seguir:

C E G A D

Você quase sempre irá querer posicionar as extensões 6 e 9 em uma oitava mais alta que a tônica.

Como um acorde maior 6/9 tem normalmente cinco notas, pelo menos uma delas irá normalmente ser omitida na guitarra. Esses acordes maiores 6/9 são normalmente tocados com formatos sem tônica para omitir a 3ª. Embora omitir a 3ª possa parecer ser "contra as regras", o ouvido humano é muito bom em preencher os espaços, especialmente quando esses acordes são tocados em um contexto diatônico correto.

Nós veremos algumas características peculiares dos acordes 6/9 que omitem a 3ª, mais tarde nesse capítulo, mas por enquanto aprenda esses formatos básicos do acorde maior 6/9 na tonalidade de G:

Exemplo 11a:

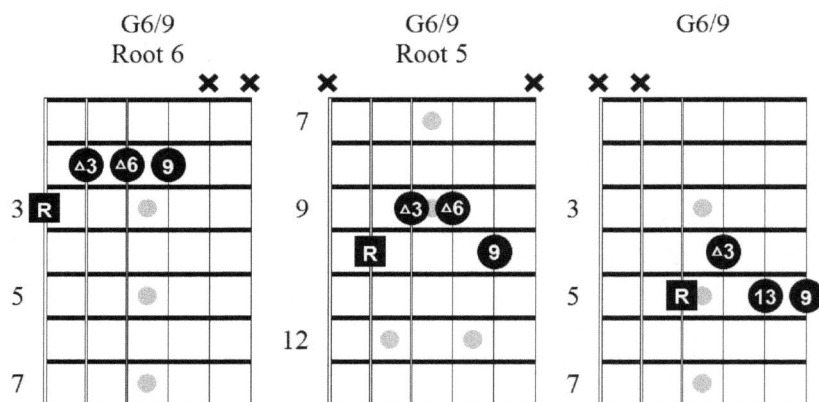

O próximo grupo de diagramas mostra como você pode montar acordes menores 6/9:

Exemplo 11b:

Gm6/9 Root 6 | Gm6/9 Root 5 | Gm6/9 Root 4

Acordes menores 6/9 são excelentes substituições para qualquer acorde ii em uma progressão. Na sequência ii V I em F Maior a seguir, eu usei um acorde 6/9 para o acorde ii e um acorde maior 6/9 para o acorde I.

Exemplo 11c:

Gm6/9   C7#5   F6/9

Tente tocar essas sequências em diversas áreas do braço e explore quantas formas puder para usar esses formatos.

Há alguns excelentes truques que você pode usar ao montar acordes 6/9 sem nenhuma 3ª.

No diagrama a seguir, o acorde 6/9 é montado nas quatro cordas mais agudas da guitarra e esse formato *não* tem uma 3ª. Você deve aprender esse formato, já que ele é bastante comum na guitarra. A tônica do acorde está marcada para sua referência – ela é opcional.

Exemplo 11d:

A 6/9
(No 3rd)

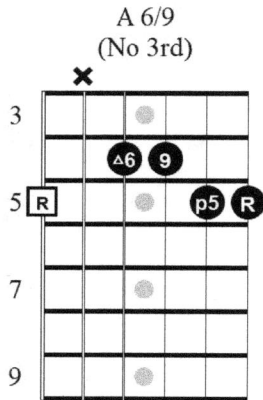

Uma característica interessante dos acordes 6/9 é que você pode mover a tônica acima uma 4ª (ao longo da mesma corda) e criar um outro acorde 6/9 com um formato diferente:

D 6/9

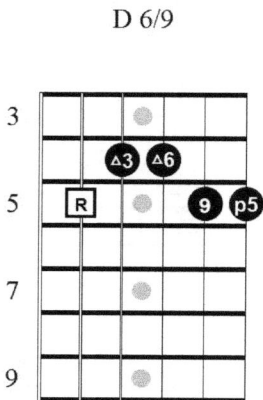

Tente tocar essa progressão de acordes:

Exemplo 11e:

A6/9   A6/9   D6/9   D6/9

Graças a essa característica, você consegue dois acordes a partir do mesmo formato apenas movendo a estrutura do acorde 6/9 para cima e para baixo. Por exemplo, o acorde A6/9 pode ser tocado como:

Exemplo 11f:

A 6/9   A 6/9

Na verdade, essa ideia é usada como uma finalização. Ouça e aprenda finalização de jazz a seguir. Perceba como eu uso a corda A solta para dar a nota do baixo nos dois formatos finais do acorde 6/9:

Exemplo 11g:

Bbm7   Eb9   Bm7   E7b5b9   A6/9   A6/9

Como mostrado no exemplo 11b, os acordes 6/9 podem ser usados tanto como um acorde maior I quanto maior IV. Eles também podem ser usados como um formato de acorde dominante que insinua um som "13", entretanto por não terem uma b7, essa não é uma forma comum.

Se você usar formatos do acorde 6/9 que não incluam a 3ª, eles também são excelentes acordes *Dóricos*.

Às vezes na música, um acorde pode simplesmente ser escrito para dar ao guitarrista liberdade de usar sua própria interpretação de uma tonalidade específica. Você pode encontrar escrito sobre uma longa e estática progressão de acordes algo como "C Dórico" ou "C Lídio". O compositor quer que você use formatos e extensões que insinuem uma modalidade em particular. Para "C Dórico", você pode enfatizar as extensões b7 9 11 e 13. Para "C Lídio" você pode usar formatos que acentuem a #11.

A fórmula do modo Dórico é 1 2 b3 4 5 6 b7, por isso o formato 6/9 acima com a fórmula 1 5 6 9 pode ser usado para insinuar as extensões de um acorde menor 6/9 sem b3. Por essa razão, esse é um formato de tônica útil para as escalas Dórica harmonizadas maior e menor. Como o modo Dórico é construído no segundo grau da escala maior, o formato 1 5 6 9 funciona como uma harmonização do acorde ii.

Se quiser, você pode tocar os primeiro quatro acordes do tema de jazz Autumn Leaves assim:

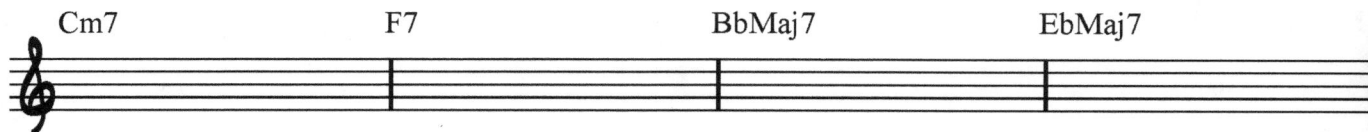

Cm7 F7 BbMaj7 EbMaj7

Exemplo 11h:

C6/9
(Cm7)

F6/9
(F13)

Bb6/9
(Bbmaj7)

Eb6/9
(EbMaj7)

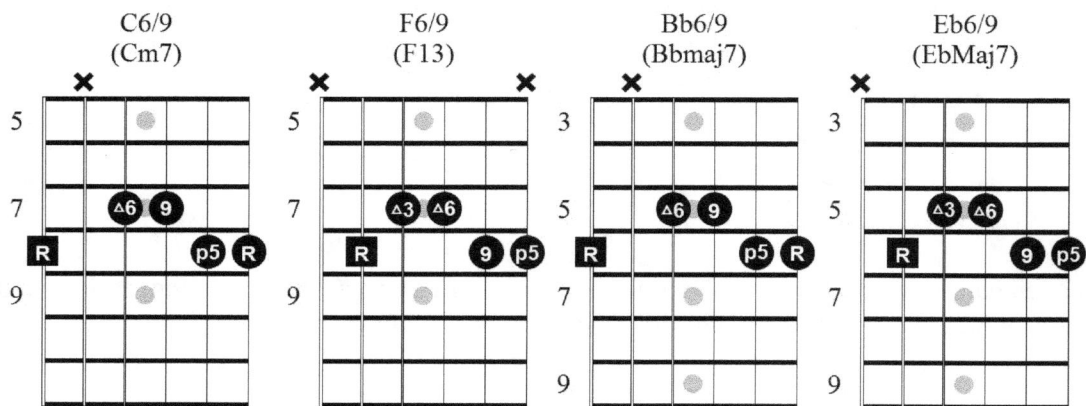

Os acordes 6/9 são muito versáteis e podem ser usados em uma grande variedade de contextos.

Capítulo Doze: Acordes Menor/Maior7

O acorde m(Maj7) ocorre naturalmente na música quando você harmoniza os acordes tônicas das escalas harmônica e melódica menor. Eles têm a fórmula 1 b3 5 7 e na tonalidade de C geram as notas C Eb G B.

Harmônica Menor = 1 2 b3 4 5 b6 7

Melódica Menor = 1 2 b3 4 5 6 7

Como discutido no capítulo sobre acordes menor 6, os compositores costumam evitar o uso do acorde m(Maj7) como um ponto de resolução da tônica por causa da instabilidade natural desse acorde.

Alguns formatos de acordes com notas guias úteis estão a seguir.

Exemplo 12a:

Eles podem ser tocados das seguintes maneiras como acordes completos 1 b3 5 7.

Exemplo 12b:

Esses acordes raramente são utilizados em outro lugar, a não ser como um acorde tônica em uma progressão que seja derivada das escalas harmônica ou melódica menor.

Nós já vimos uma progressão comum que usa o acorde m(Maj7):

Gm   Gm7   GmMaj7   Gm6

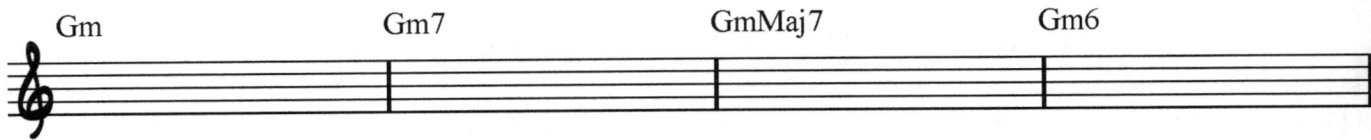

No progressão acima, a nota tônica (G) pode ser ouvida descendo um semitom conforme você se move pelos formatos.

Para recapitular, você pode tocar a progressão acima da seguinte forma:

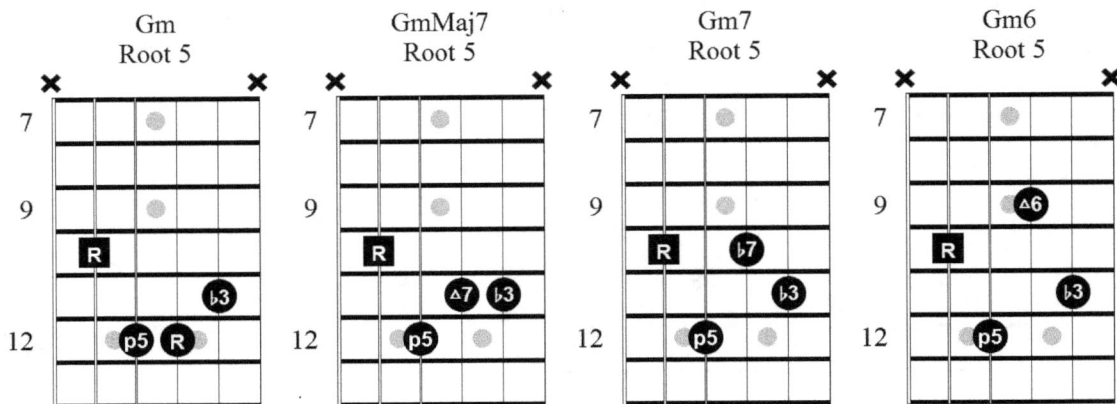

Gm Root 5	GmMaj7 Root 5	Gm7 Root 5	Gm6 Root 5

Os acordes menor(Maj7) surgem de forma recorrente em músicas de jazz na tonaliadde menor como My Funny Valentine e Solar.

Capítulo Treze: Acordes Maior 7b5 e Maior 7#5

O acorde Maj7b5

Como aprendemos no capítulo sete, com acordes do tipo Maj7, é preciso ter cuidado ao nomear intervalos b5 e #11 que são usados normalmente um no lugar do outro, embora isso seja teoricamente incorreto. O Maj7b5 implica que a 5ª natural tenha sido trocada pela b5, enquanto o maj7#11 implica que possa haver uma 5ª natural e um #11 no acorde, embora não seja prática corriqueira com acordes de guitarra.

Isso significa que um acorde Maj7b5 tecnicamente tem os intervalos:

1 3 b5 7.

Um acorde Maj7#11 *pode* ter os intervalos 1 3 5 7 e #11.

O formato maior é possível no piano onde há facilidade para espalhar as notas de um acorde denso, mas na guitarra ele nem sempre é uma opção. Geralmente, os guitarristas irão normalmente omitir a 5ª em um acorde Maj7#11 para que ele possa ser usado no lugar de um acorde Maj7b5.

O acorde Maj7#11 é formado naturalmente quando harmonizamos o 4° grau da escala maior. Esse é definitivamente um "acorde Lídio".

Aqui estão três acordes usuais.

Exemplo 13a:

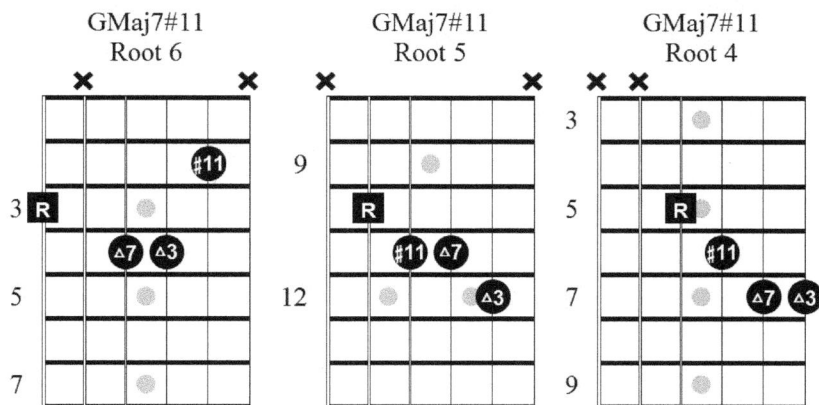

Como esperado, esse acorde pode ser usado diretamente no lugar do acorde IV em uma progressão maior.

Exemplo 13b:

Ele também é usado às vezes no lugar do acorde tônica em finalizações de jazz.

Exemplo 13c:

Tente usar o acorde Maj7#11 tanto como um substituto para o acorde IV em um progressão quanto como um acorde "colorido" I.

O acorde Maj7#5

O acorde Maj7#5 acontece naturalmente nas escalas harmonizadas melódica menor e harmônica menor. Ele é formado quando você constrói um acorde no b3º grau de cada escala.

A fórmula para um acorde Maj7#5 é 1 3 #5 7.

Com a tônica C, isso gera as notas C E G# B.

Ao contrário do acorde Maj7#11, não há ambiguidade aqui em relação a #11 e b5. Você nunca tocará uma 5ª natural e #5ª no mesmo acorde.

Apesar de ser um "verdadeiro" acorde construído a partir de um grau de escalas comuns, o Maj#5 não é um som realmente comum na música.

Você pode posicionar o acorde Major7#5 das seguintes formas na guitarra.

Exemplo 13d:

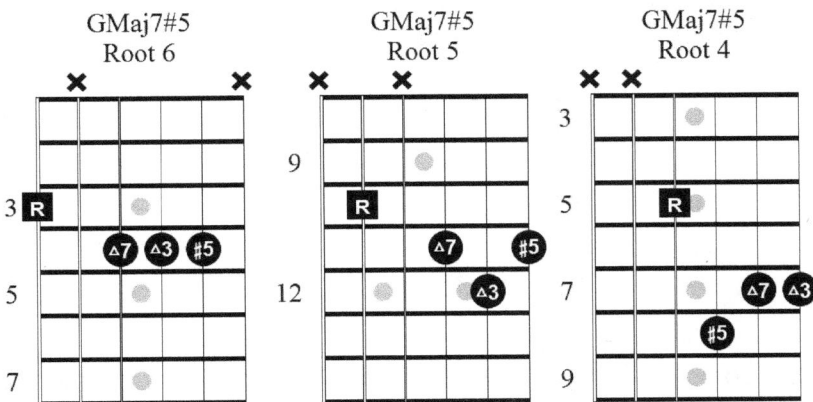

Os acordes Maj7#5 são frequentemente tocados sem tônica porque podem ser vistos como uma simples tríade maior tocada com um baixo.

Por exemplo, em um acorde Maj7#5 na tonalidade de G (acima), nós temos as notas:

G B D# e F#

Nós podemos reorganizar essas notas para revelar uma tríade de B maior (B, D# e F#), que quando tocada sobre a tônica G cria o acorde Maj7#5.

Isso pode ser visto mais facilmente nos diagramas a seguir:

BMaj triad / G
= Gmaj7#5

BMaj triad / G
= Gmaj7#5

BMaj triad / G
= Gmaj7#5

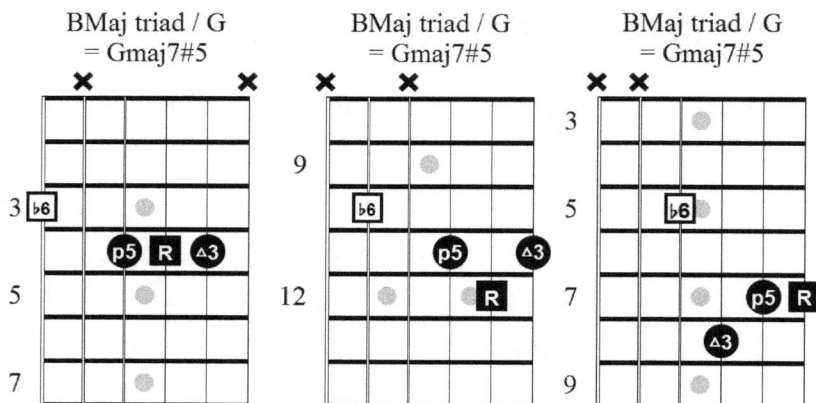

Esse tipo de acorde é chamado de acorde X com baixo em Y porque ele pode ser definido como tríade X / baixo Y.

Nesse caso, o acorde "GMaj7#5" pode ser visto como "B/G".

Para criar um som Maj7#5, nós podemos tocar uma tríade maior uma terça acima da tônica.

Para formar um CMaj7#5, nós podemos tocar uma tríade maior de E com um baixo em C.

Como você usaria os acordes com baixo para formar os acordes a seguir?

1) DMaj7#5
2) EMaj7#5
3) BMaj7#5

As respostas estão na parte inferior da página.[3]

Os acordes com baixo podem ser um conceito complicado de se aplicar no início. Comece aprendendo os formatos de tríade maior 1 3 5 nos diagramas anteriores e depois aprenda a posicioná-los rapidamente na 3ª maior da tônica desejada.

---

[3] 1) F#/D 2) G#/ E 3) D#/ B

Uso de acordes Maj7#5

O uso mais comum de um acorde Maj7#5 é como um acorde central alterado. As progressões a seguir mostram dois exemplos típicos contextualizados.

Exemplo 13e:

Exemplo 13f:

Capítulo Catorze: Acordes Estendidos com Substituições Diatônicas

Até este ponto do livro, nós geralmente selecionamos intervalos específicos para formar certos tipos de acordes. Neste capítulo, nós veremos em maior profundidade a ideia de substituições diatônicas. Nós entraremos em maiores detalhes na Parte Dois dessa série, mas por enquanto é importante que você saiba alguns conceitos essenciais antes de seguir em frente.

Uma substituição "diatônica" é aquela onde o *acorde substituto* é gerado a partir da *mesma tonalidade* ou escala harmonizada do *acorde original*.

O uso mais comum desse princípio é para construir acordes com extensões naturais ao empilhar continuamente intervalos sobre a nota do baixo.

Por exemplo, vejamos a escala de C Maior:

C	D	E	F	G	A	B	C	D	E	F	G	A	B	C
(1)	2	(3)	4	(5)	6	(7)	1	(9)	3	(11)	5	(13)	7	1

Nós sabemos que podemos construir um acorde de CMaj7 da seguinte maneira:

1 3 5 7 (C E G B)

Um acorde de CMaj9 que tem *todas as notas* é formado por:

1 3 5 7 9 (C E G B D).

Um acorde de CMaj11 é formado por:

1 3 5 7 9 11 (C E G B D F).

Um acorde de CMaj13 é formado por:

1 3 5 7 9 11 13 (C E G B D F A).

Como vimos anteriormente, nós normalmente não incluímos todas as notas nesses acordes estendidos, por isso normalmente descartamos intervalos menos importantes como a 5ª e a tônica ao construí-los.

Outra forma de alcançar as extensões mais altas de um acorde é usar uma substituição. Ao construir um novo acorde com 7ª a partir de uma das notas do acorde original, nós podemos alcançar *"upper structures"* (extensões) facilmente e usar formatos de acordes que já conhecemos para insinuar acordes estendidos mais ricos.

Veja as notas no CMaj9: C E G B D.

Se nos livrarmos da tônica (C), ficaremos com as notas E G B D. Essas notas formam um acorde de Em7.

Ao tocar um acorde de Em7 com um baixo de C, nós criamos um som de CMaj9.

O exemplo a seguir mostra esse conceito tocado na guitarra. A tônica (C) é incluída apenas para referência. O acorde de Em7 é mostrado em pontos pretos e os intervalos em relação à tônica de C estão descritos.

Exemplo 14a:

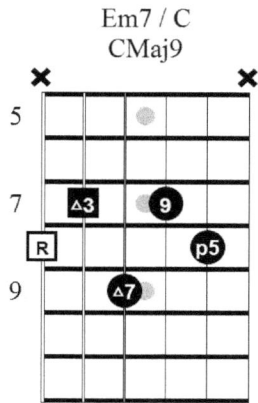

Simplesmente usando um acorde de Em7 no lugar de um acorde de CMaj7, nós criamos um som de CMaj9. A nota C não é tocada nesse formato, o que é normalmente desejável já que outros instrumentos, como o baixo, estão tocando ela.

A regra é: nós sempre podemos tocar o acorde m7 na 3ª de um acorde Maj7 para criar um acorde Maj9.

Na verdade, podemos usar um acorde com 7ª construído na 3ª de qualquer outro acorde com 7ª para estendê-lo até a 9ª.

Se soubermos a escala harmonizada, sempre podemos simplesmente pular a 3ª para descobrir qual acorde com 7ª usar como uma substituição. Aqui está a escala harmonizada de C Maior.

I	Ii	iii	IV	V	vi	vii
CMaj7	Dm7	Em7	FMaj7	G7	Am7	Bm7b5

No exemplo anterior, usamos o acorde iii (Em7) como uma substituição para formar um acorde CMaj9.

Intervalos a partir do C	1	3	5	7	9
CMaj7	C	E	G	B	
Em7		E	G	B	D

Agora, vamos formar um acorde de Dm9 da mesma maneira.

Intervalos a partir do D	1	b3	5	7	9
Dm7	D	F	A	C	
FMaj7		F	A	C	E

Isso pode ser visto na guitarra da seguinte maneira:

Exemplo 14b:

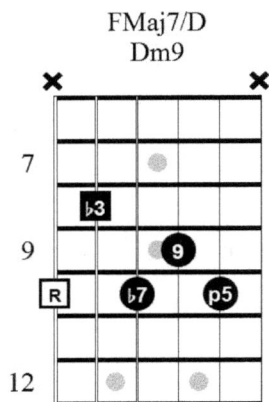

FMaj7/D
Dm9

Ao construir um acorde Maj7 na b3 de um acorde menor com 7, nós criamos um acorde m9 sem tônica.

O mesmo processo pode ser usado para construir um acorde dominante 9.

Para formar um acorde dominante 9, podemos tocar um acorde m7b5 a partir da 3ª de um acorde dominante 7.

Colocando isso na tônica C, podemos usar um acorde Bm7b5 para insinuar um G9 sem tônica.

Intervalos a partir do G	1	3	5	b7	9
G7	G	B	D	F	
Bm7b5		B	D	F	A

Na guitarra, fica assim:

Exemplo 14c:

Bm7b5/G
G9

```
  ✗           ✗
┌──┬──┬──┬──┬──┐
│  │△3│ 9│  │  │
├──┼──┼──┼──┼──┤
3│R │b7│  │p5│  │
├──┼──┼──┼──┼──┤
5│  │  │  │  │  │
├──┼──┼──┼──┼──┤
 │  │  │  │  │  │
├──┼──┼──┼──┼──┤
7│  │  │  │  │  │
└──┴──┴──┴──┴──┘
```

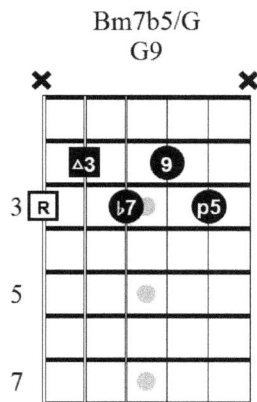

Finalmente, para criar um som m7b5b9, nós podemos tocar um acorde m7 no b3 do acorde m7b5 original.

Na tonalidade de C, isso significaria tocar um acorde Dm7 sobre Bm7b5.

Intervalos a partir do B	1	b3	b5	b7	b9
Bm7b5	B	D	F	A	
Dm7		D	F	A	C

Exemplo 14d:

Dm7/B
Bm7b5b9

```
  ✗           ✗
┌──┬──┬──┬──┬──┐
3│  │  │  │  │  │
├──┼──┼──┼──┼──┤
 │  │  │  │  │  │
├──┼──┼──┼──┼──┤
5│b3│  │b9│  │  │
├──┼──┼──┼──┼──┤
 │  │  │  │b5│  │
├──┼──┼──┼──┼──┤
7│R │b7│  │  │  │
├──┼──┼──┼──┼──┤
 │  │  │  │  │  │
├──┼──┼──┼──┼──┤
9│  │  │  │  │  │
└──┴──┴──┴──┴──┘
```

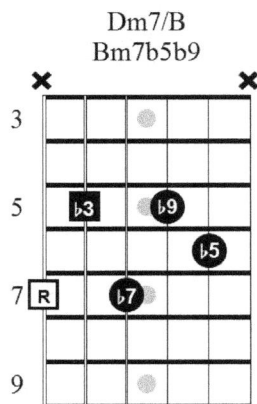

Cada acorde substituto nesse contexto é tirado da escala maior harmonizada. Quando cada um dos graus da escala maior são harmonizados, geramos a seguinte sequência de acordes.

Podem parecer muitas regras, mas como esses exemplos são derivados da escala maior harmonizada (que sempre se harmoniza da mesma maneira), essas regras são constantes. Em outras palavras, para formar um som Maj9, você *sempre* pode tocar um m7 na 3ª.

Aqui está um resumo das últimas páginas.

Tipo de Acorde	Substituição na 3ª	Acorde Estendido Sem Tônica
Maj7	m7	Maj9
m7	Maj7	m9
7	m7b5	9
m7b5	m7	m7b5b9

Para se testar, treine qual acorde poderia ser construído na 3ª dos seguintes acordes para formar um acorde com 9ª.[4]

1) FMaj7
2) EMaj7
3) Gm7
4) Bbm7
5) F7
6) A7
7) Gm7b5
8) Dm7b5

Se quisermos alcançar extensões mais altas, nós podemos simplesmente construir acordes com 7ª a aprtir da 5ª ou mesmo da 7ª do acorde original. É importante lembrar que como o acorde substituto fica ainda mais distante da tônica do original, nós estamos substituindo mais notas do acorde por extensões e portanto a tonalidade pode ser ainda mais difícil de se ouvir.

Veja novamente a escala harmonizada de C.

I	ii	iii	IV	V	vi	vii
CMaj7	Dm7	Em7	FMaj7	G7	Am7	Bm7b5

Para formar um CMaj11, nós podemos tocar um G7 na 5ª de CMaj7.

Intervalos a partir do C	1	3	5	7	9	11
CMaj7	C	E	G	B		
G7			G	B	D	F

---

[4] 1) Am7, 2) G#m7, 3) BMaj7, 4) Dbmaj7, 5) Am7b5, 6) C#m7b5, 7) Bbm7, 8) Fm7

Exemplo 14e:

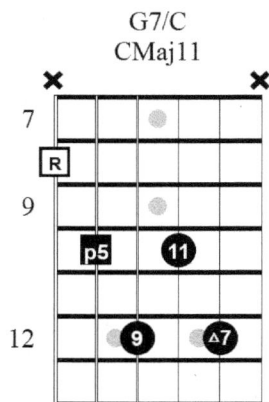

G7/C
CMaj11

Tocado com uma nota C no baixo, o acorde G7 gera as seguintes notas 5, 7, 9 e 11.

Você perceberá que a terça maior definidora agora está omitida (embora no caso de um acorde CMaj11, essa seja uma possibilidade desejável por causa do conflito entre a 3ª e a 11ª).

Quando usamos esses tipos de substituições na 5ª e 7ª de um acorde, incluímos mais extensões, mas menos notas do acorde original.

Na Parte Dois dessa série, nós aprenderemos como montar as inversões mais importantes por todo o braço. Essa é normalmente a melhor hora para começar a usar substituições "upper structure", já que podemos facilmente controlar o alcance e notas das extensões adicionadas.

Outra preocupação é a amplitude na qual a substituição é tocada. É sempre melhor tocar essas substituições nos grupos de cordas de 1 a 4, 2 a 5 ou mesmo em regiões mais altas do braço onde as extensões não entrarão em conflito com as notas do acorde tocadas por outro instrumento.

Há muitas formações instrumentais de banda diferentes, desde apenas uma guitarra até *"big bands"* e usar substituições de acordes dessa forma pode normalmente depender da densidade da harmonia e das partes tocadas por outros instrumentos.

Com isso tudo em mente, vamos continuar vendo a construção de acordes com 7ª na 5ª de cada tipo de acorde original.

Lembre-se que todas as substituições que estamos usando são diatônicas para a escala maior harmonizada. Simplesmente contando cinco notas a partir da tônica do acorde e vendo a tabela a seguir, podemos facilmente ver a substituição que precisamos usar para criar um acorde com 11ª.

I	ii	iii	IV	V	vi	vii
CMaj7	Dm7	Em7	FMaj7	G7	Am7	Bm7b5

Para formar um Dm11, nós podemos tocar um Am7 na 5ª.

Intervalos a partir do D	1	b3	5	7	9	11
Dm7	D	F	A	C		
Am7			A	C	E	G

Exemplo 14f:

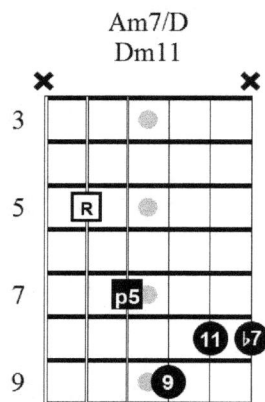

Am7/D
Dm11

Para formar um G11, nós podemos tocar um Dm7 na 5ª.

Intervalos a partir do G	1	3	5	b7	9	11
G7	G	B	D	F		
Bm7b5			D	F	A	C

Exemplo 14g:

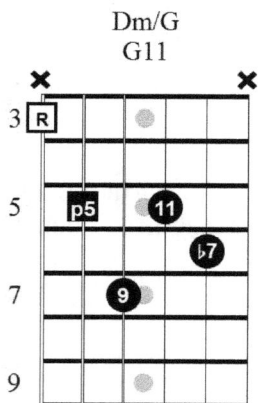

Dm/G
G11

Finalmente, nós podemos tocar um acorde FMaj7 na 5ª de Bm7b5 para criar um acorde Bm11b5b9:

Intervalos a partir do B	1	b3	b5	b7	b9	11
Bm7b5	B	D	F	A		
FMaj7			F	A	C	E

Exemplo 14h:

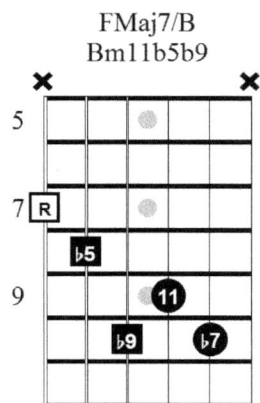

FMaj7/B
Bm11b5b9

Para sintetizar as substituições de acorde com 7ª na 5ª, você pode usar a tabela abaixo.

Tipo de Acorde	Substituição na 5ª	Acorde Estendido Sem Tônica
Maj7	7	Maj11
m7	m7	m11
7	m7	11
m7b5	Maj7	m11b5b9

Finalmente, antes de vermos alguns usos desses tipos de acordes, vou sintetizar as extensões que são criadas quando usamos acordes com 7ª construídos na 7ª de cada acorde.

Tipo de Acorde	Substituição na 7ª	Acorde Estendido Sem Tônica
Maj7	m7b5	Maj13
m7	Maj7	m13
7	Maj7	13
m7b5	m7	m13b5b9

É preciso ter muito cuidado com essas substituições construídas na 7ª, já que agora o acorde substituído tem apenas uma nota em comum com o acorde original.

Usando Substituições Diatônicas

Como você pode imaginar, as substituições diatônicas construídas na 5ª e na 7ª são bem menos comuns que substituições construídas na 3ª.

Quando construímos uma substituição na 7ª a partir da 3ª, estamos apenas perdendo a tônica e trocando-a por uma 9ª. Como você viu nesse livro, a 9ª é uma extensão bastante aceitável e pode ser usada em quase todos os lugares.

Tente tocar a progressão a seguir usando a faixa de fundo um.

Exemplo 14i:

Cm7   F7   BbMaj7

Dessa vez, construa um acorde com 9ª no Cm7 usando uma substituição no b3.

As notas de Cm7 são C Eb G Bb

Por isso, nós podemos usar o acorde EbMaj7 para criar um som de Cm9.

Toque a progressão novamente com a faixa de fundo um, mas dessa vez substitua o acorde EbMaj7 pelo acorde Cm7.

Exemplo 14j:

EbMaj7 (Cm9)   F7   BbMaj7

Repita o exercício, mas dessa vez use a substituição no acorde F7. Para criar um som com "9", nós tocamos um acorde m7b5 na 3ª.

Exemplo 14k:

Cm7   Am7b5 (F9)   BbMaj7

Finalmente, repita o processo, mas dessa vez construa um BbMaj9. Para criar um som Maj9, nós podemos tocar um acorde m7 na 3ª.

Exemplo 14l:

Cm7   F7   Dm7 (BbMaj9)

Como estamos tocando essas substituições com uma linha de baixo forte na faixa de fundo, é fácil ouvir como a substituição funciona para construir a 9ª em cada acorde.

Se você tiver uma parte de base forte ou uma faixa de fundo, você normalmente pode adicionar quantas substituições com 9ª quiser. Tente combinar as três substituições acima.

Exemplo 14m:

EbMaj7 (Cm9)   Am7b5 (F9)   Dm7 (BbMaj9)

Teste com e sem a faixa de fundo e perceba como o contexto das mudanças de acordes muda.

Ao usar esse sistema para construir acordes na 5ª e na 7ª para alcançar extensões mais altas do acorde, é geralmente útil ter um bom senso de tonalidade. Esses tipos de formatos são normalmente usados sobre acordes estáticos onde não há muito movimento harmônico. Mesmo assim, eles precisam ser tocados com ritmo e posicionamento adequados.

Em um período de oito compassos de Dm7, nós podemos facilmente usar substituições "upper structure" para adicionar riqueza e movimento a harmonia estática.

Os acordes com 7ª construídos no b3 5 e b7 de Dm são

Intervalos a partir do D	1	b3	5	7	9	11	13
Dm7	D	F	A	C			
FMaj7		F	A	C	E		
Am7			A	C	E	G	
Cmaj7				C	E	G	B

A faixa de fundo dois é um acompanhamento em Dm7.

Pratique a sobreposição dos acordes de CMaj7, Am7 e FMaj7 sobre esse acompanhamento. Volte ao Dm7 às vezes para resolver a linha de acordes. Toque todos os acordes de substituição com a tôncica ou na 5ª ou na 4ª corda para impedir que as extensões entrem em conflito com a parte de guitarra base.

Exemplo 14n:

Seguindo em frente, é importante que você entenda esses tipos de substituições, embora elas sejam apenas a ponta do iceberg. A experimentação é a melhor forma de internalizá-las, mas não complique muito no início. O conceito de construir um acorde com 7ª a partir da 3ª do acorde original é importante, por isso memorize-o e tenha certeza que você consegue aplicar esses formatos em todas as tonalidades.

Aqui estão os mais importantes para aprender por enquanto, só para refrescar sua memória.

Tipo de Acorde	Substituição na 3ª	Acorde Estendido Sem Tônica
Maj7	m7	Maj9
m7	Maj7	m9
7	m7b5	9
m7b5	m7	m7b5b9

Em breve, você poderá parar de pensar sobre essas fórmulas porque as formas dos acordes irão estar no sangue e aparecerão de forma natural na guitarra para você. O principal objetivo é ser capaz de ver o braço da guitarra simplesmente como intervalos a partir da tônica. Isso acontece muito mais rápido do que você pensa, principalmente ao trabalhar com esses tipos de substituições.

Pratique com acompanhamentos de acordes estáticos, por exemplo pratique tocar esses formatos de F#m7b5 sobre um acompanhamento de 32 compassos de D7 para criar um som D9. Seja simples e treine um tipo de acorde por vez. Lembre-se que assim que você souber os padrões, essas substituições funcionam da mesma maneira em todas as tonalidades e o segredo para fazê-las funcionarem é usá-las em registros mais altos.

Conclusões e Introdução à Parte Dois

A Parte Um dessa série abordou uma grande quantidade de material harmônico, desde os princípios de como os acordes usuais são formados até alguns importantes conceitos de substituições.

O que eu quero que você leve da Parte Um (além de um vasto vocabulário de acordes!) são os conceitos contidos aqui.

Você aprendeu como formar, tocar e aplicar todas as estruturas comuns de acordes da música contemporânea e eu espero que se surgir algo que você ainda não tenha visto, você consiga rapidamente retornar aos princípios básicos para montar prontamente um acorde útil. Lembre-se, se você estiver em dúvida tocando ao vivo, sempre poderá confiar em tocar apenas a tríade correta se não tiver dominado o acorde completo. Se for *realmente* difícil, não há problema em não tocar por um compasso. Todos nós fizemos isso alguma vez!

A Parte Um focou em desenvolver bases sólidas. Você aprendeu no mínimo três formatos de acordes na posição tônica para cada acorde discutido nesse livro. Você pode tocar as tônicas na 6ª, 5ª e 4ª cordas. Isso te ajudará a tocar quase qualquer música. Tão importante quanto isso, é que agora você entende como os acordes são formados e quais notas você pode omitir em estruturas complexas.

O melhor que você pode fazer agora é internalizar essa informação. A forma mais fácil de fazer isso é simplesmente tocar. Adquira uma cópia do livro "The Real Book" e comece a tocar algumas músicas. Você aprenderá muito sobre música rapidamente. Tente modificar as qualidades dos acordes. Se você vir um acorde m7, tente trocá-lo por um m6, m9 ou m6/9. Você aprenderá imediatamente a reconhecer quando essas substituições podem ser aplicadas.

Sobre a Parte Dois

Na Parte Dois dessa série, nós tentaremos fazer de forma mais artística e musical a escolha das importantes estruturas de acordes apresentadas nesse livro. Nós veremos em profundidade formatos de acordes avançados, inversões e substituições.

A forma como um acorde é montado em um instrumento tem um grande impacto em seu som. Na Parte Um, nós aprendemos que um acorde com 7ª é construindo empilhando-se a tônica, 3º, 5° e 7º graus. O acorde CMaj7 pode ser escrito assim:

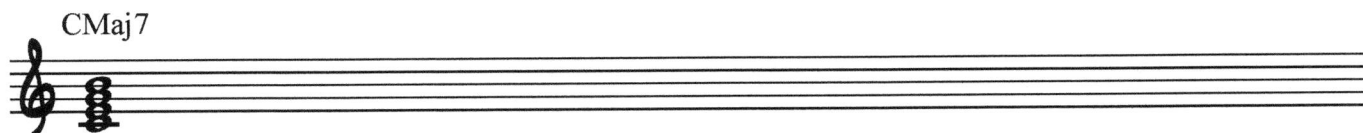

CMaj7

Entretanto, as notas não têm de ser tocadas nessa ordem. O acorde pode ser *invertido* para ter uma nota diferente no baixo.

Ao subir a nota de baixo do acorde (a tônica) em um uma oitava, a nota mais abaixo (a 3ª) se torna o baixo.

CMaj7

First Inversion

Esse formato de acorde continua sendo um CMaj7, mas graças a inversão das notas, ele tem uma qualidade musical diferente.

Como há quatro notas no acorde, ele pode ser invertido quatro vezes (incluindo a posição tônica):

CMaj7   CMaj7   CMaj7   CMaj7

Root Position   First Inversion   Second Inversion   Third Inversion

Cada uma dessas inversões é um formato de CMaj7 e têm um sabor levemente diferente.

Embora os formatos acima não sejam necessariamente úteis de serem tocados na guitarra, é muito importante saber esse princípio de inversões porque ele é muito útil e importante para estruturar cada acorde e aplicar o conceito de "formatos drop".

A estrutura de acorde mais comum tocada no jazz é o formato "drop 2". Ele é criado ao descer a nota mais aguda do acorde em uma oitava. Ele é montado assim:

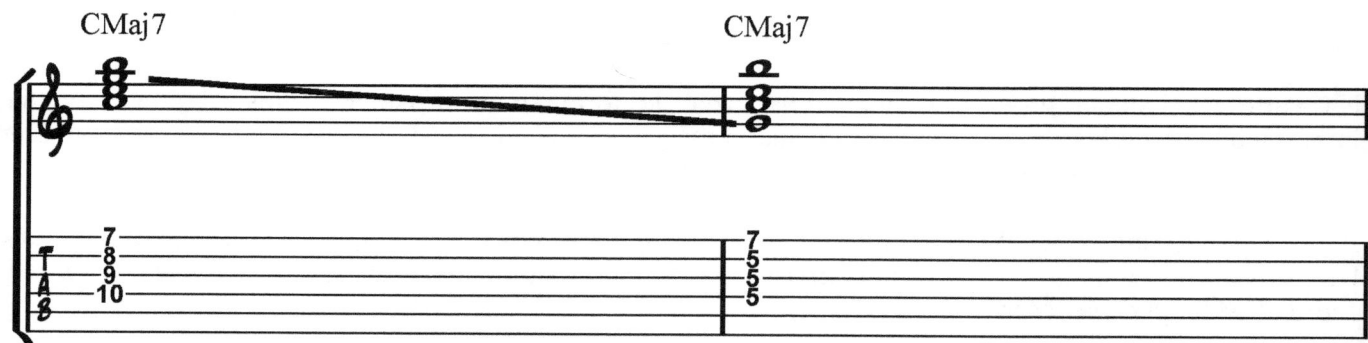

CMaj7   CMaj7

```
T   7                        7
A   8                        5
B   9                        5
   10                        5
```

O segundo acorde no diagrama acima é a posição tônica do acorde CMaj7 tocado em formato drop 2.

Há quatro inversões da posição tônica do acorde CMaj7 e cada uma pode ser tocada como um formato drop 2. Perceba no exemplo acima que esse acorde é montado apenas nas quatro cordas mais agudas da guitarra. Esses formatos de acordes em quatro cordas podem ser transferidos para os grupos da 2ª a 5ª cordas e 3ª a 6ª cordas.

Isso nos dá um total de doze formatos de acordes para montar esses acordes "drop 2" na guitarra. Outros tipos de acordes que serão ensinados são os formatos "drop 3" e "drop 2 drop 4".

Pode parecer intimidador, mas se você já ouviu guitarristas que fazem melodias com acordes como Joe Pass e se perguntou de onde surgem todos aqueles acordes lindos, esse tipo de estudo é o melhor lugar para começar a aprender esse tipo de estilo.

Há uma forma bastante útil e estruturada de aprender todos esses formatos que ensinaremos na Parte Dois dessa série. Nem todos os tipos de acordes em todos os formatos são úteis e saber quais caminhos seguir e quais evitar irá te poupar horas de treino.

O resultado desse tipo de estudo é que você irá alcançar o comando completo do braço da guitarra e será capaz de montar acordes belos e complexos com facilidade e precisão. Eu particularmente gastei anos aprendendo solos de jazz, mas o que realmente me ajudou a entender o braço foi aprender esses incríveis formatos.

A Parte Dois também entrará em maiores detalhes da aplicação de substituições de acordes. Na Parte Um, nós abordamos os princípios básicos da substituição de acordes diatônicos. Isso será expandido e aplicado musicalmente usando os formatos "drop" mencionados acima. Já que teremos muitos formatos de acordes para escolher, é fácil criar alguns acordes belos e complexos apenas usando as estruturas que já conhecemos. Como sempre, muitos exemplos gravados serão dados.

Na Parte Dois, nós também veremos substituições "não-diatônicas". A ideia mais uma vez é usar as estruturas com 7ª que já conhecemos para criar acordes com extensões cromáticas "alteradas". Essa técnica é mais aplicada normalmente aos acordes dominantes funcionais para adicionar tensões cromáticas como descrito no capítulo sete e é similar às substituições diminutas no capítulo oito. Ao saber como substituir formatos com 7ª simples por acodes dominantes, é fácil criar texturas alteradas ricas e complexas.

A Parte Dois do Acordes de Guitarra Contextualizados te ensina como melhorar suas habilidades com acordes de forma rápida, sistemática e musical. Eu vou realmente desvendar o braço da guitarra para você.

Guia de Referência de Acordes

Tipo de Acorde	Construção	Notas Normalmente Omitidas na Guitarra
M	1 3 5	
m	1 b3 5	
Dim (mb5)	1 b3 b5	
Aug (Maj#5)	1 3 #5	
Maj7	1 3 5 7	
m7	1 b3 5 b7	
7	1 3 5 b7	
m7b5	1 b3 5 b7	
dim7	1 b3 b5 bb7	
m(Maj7)	1 b3 5 7	
m(Maj9)	1 b3 5 7 9	5
Maj9	1 3 5 7 9	5

Tipo de Acorde	Construção	Notas Normalmente Omitidas na Guitarra
m9	1 b3 5 7 9	5
9	1 3 5 b7 9	5
m7b9b5	1 b3 b5 b7 b9	1
m9b5	1 b3 b5 b7 9	1
Maj11	1 3 5 7 9 11	3, 9
Maj7sus4	1 5 7 11	
m11	1 b3 5 b7 9 11	1, 5, 9
11	1 3 5 b7 9 11	1, 5, 9
m11b9b5	1 b3 b5 b7 b9 11	1, b5, b9
Maj13	1 3 5 7 9 11 13	1, 9, 11
Maj13sus4	1 4 5 7 9 11 13	1, 5, 9, 11
m13	1 b3 5 b7 9 11 13	1, 5, 9, 11
13	1 3 5 b7 9 11 13	1, 11
7 alt	1 3 5 b7 + Qualquer #9 b5(#11) #5(b13)	1, 5

Outros livros da Fundamental Changes

O Guia Completo para Tocar Blues na Guitarra Livro Um: Guitarra Base

O Guia Completo para Tocar Blues na Guitarra Livro Dois: Frases Melódicas

O Guia Completo para Tocar Blues na Guitarra Livro Três: Além das Pentatônicas

O Guia Completo para Tocar Blues na Guitarra - Compilação

O Sistema CAGED e 100 Licks de Blues na Guitarra

Mudanças Fundamentais na Guitarra Jazz: ii V I Maior

ii V Menor Dominando a Guitarra Jazz

Solos na Guitarra: Jazz e Blues

Escalas de Guitarra Contextualizadas

Acordes de Guitarra Contextualizados

Dominando Acordes de Jazz na Guitarra (Acordes de Guitarra Contextualizados Parte Dois)

Técnica Completa para Guitarra Moderna

Dominando a Guitarra Funk

Compilação Completa de Técnica, Teoria e Escalas na Guitarra

Dominando Leitura de Notação na Guitarra

Guitarra Rock CAGED: O Sistema CAGED e 100 Licks para Guitarra Rock

O Guia Prático de Teoria Musical Moderna para Guitarristas

Aulas de Guitarra Iniciante: O Guia Essencial

Chord Tone em Solos na guitarra Jazz

Guitarra Solo Heavy Metal

Solos Exóticos com Pentatônicas na Guitarra

Guitarra Base Heavy metal

Voice Leading na Guitarra Jazz

Solos no Jazz Compilação Completa

Os Acordes de Jazz na Guitarra Compilação

Guitarra Blues Fingerstyle

Integre-se

Junte-se a mais de 5500 pessoas que recebem seis aulas de guitarra gratuitas diariamente no Facebook:

www.facebook.com/FundamentalChangesInGuitar

Fique por dentro das novidades no Twitter:

@Guitar_Joseph

Foto da Capa: ShutterStock Petr Malyshev

Para Mais de 250 Aulas de Guitarra Com Vídeos Grátis, Acesse:
www.fundamental-changes.com

Twitter: @guitar_joseph
FB: FundamentalChangesInGuitar
Instagram: FundamentalChanges

www.ingramcontent.com/pod-product-compliance
Lightning Source LLC
LaVergne TN
LVHW080042090426

835510LV00042B/1934